관광과 미식으로 풀어보는

파티셰프 이야기

이순옥 · 이재진 · 주향란 · 이 황 · 이은경
김준원 · 류정열 · 오동환 · 김창현 · 민경천

(주)백산출판사

Preface

음식과 관광은 우리 모두의 삶의 질을 향상시키는 문화가 있습니다.
일상적으로 보던 것이 새로워 보이고 아직 경험하지 못한 것들은
꿈을 꾸게 합니다.

우리는 관광을 통해 방문지역의 역사와 먹거리, 사람 사는 이야기를 체험하며 자신의 삶에 생기를 되찾게 됩니다. 이에 본서는 세계의 유명 관광지와 다양한 음식 이야기를 담아내기 위해 식재료와 손질법, 조리법, 디저트, 와인 등 음식문화에 필요한 노하우를 소개하고 있습니다.

본서를 통해 세계의 여러 여행지와 미식에 대해 제과제빵 전문 교수진, 조리 전문 교수진과 관광 전문 교수진이 모여 거만하지 않으면서 진지하게 저희들의 열정으로 세심하고 아기자기한 이야기를 만들어 냈습니다.

저희들은 여행지를 선별하여 소개하고, 서양 요리 코스와 어울리는 빵과 와인 그리고 한식 요리 코스 구성으로 그간 없었던 관광의 시각으로 관광과 미식을 체감할 수 있는 책을 발간하게 되었습니다.

Chapter별로 어떤 것은 너무도 쉽게 읽힐 수도 있고 어떤 것은 시간을 들여 세심하게 습득해야 할 수도 있을 것입니다. 각 분야의 전문가들이 모여 만들었지만, 딱히 정해진 규칙이 없어 보일 수도 있을 것입니다.

그저 저희들이 모여 만든 잡다한 이야기들을 알아두면 쓸모 있는 것으로 여기시고 삶을 즐겁고 풍요롭게 채우시기 바랍니다.

본서가 외식과 관광시장의 재도약과 미래발전을 위한 새로운 다짐에 소소하지만 도움이 되기를 바랍니다.

감사합니다.

The story of a Patissier&Chef

Table of contents

Chapter 1_한국관광대학교 참여교수

호텔조리과
민경천 교수 (메인요리)

호텔제과제빵과
오동환 교수 (식전빵)

호텔제과제빵과
이재진 교수 (디저트)

호텔조리과
주향란 교수 (식재료, 영양)

호텔조리과
이은경 교수 (식재료)

외식경영과
김준원 교수 (와인)

관광경영학과
이 황 교수 (관광지)

The story of a

Patissier&Chef

CHAPTER 01

부드러운 모닝빵

Ingredients / 재료

강력분 1000g, 물 550g, 이스트 30g
개량제 10g, 소금 20g, 설탕 100g, 분유 30g
달걀 80g, 버터 150g

버터와 마가린

버터(Butter)

우유에서 지방을 분리해 만든 크림을 휘저어 엉기게 한 후 굳힌 유제품이다.

버터의 종류에는 젖산균을 넣어 발효한 발효 버터(Sour butter), 소금을 첨가하지 않은 무염 버터, 소금 2%를 넣은 가염 버터, 버터에 식물성 유지를 섞어 만든 컴파운더 버터 등이 있다.

마가린(Margarine)

버터의 대용품. 인조버터라고도 한다. 동물성 지방과 식물성 기름을 정제한 후에 알맞은 비율로 배합하고 유화제, 색소, 향료, 소금물, 발효유 등을 더해 유화시킨 뒤에 버터처럼 고체로 굳힌 지방성 식품이다.

버터와 비교하여 가소성이 좋고 저렴하다.

Method / 조리법

1. 버터를 제외한 모든 재료를 넣고 믹싱한다. 클린업 단계에서 버터를 넣고 믹싱한다.
2. **1차 발효 :** 50~60분
3. **분할 :** 40g씩 분할하여 둥글리기를 해 놓는다.
4. **중간발효 :** 10~15분
5. **성형 :** 재둥글리기 하여 패닝한다.
6. **패닝 :** 12개씩(1철판)
7. **2차 발효 :** 50~60분
8. **굽기 :** 200~210℃ / 160℃에서 11~12분 구워주면서 상태를 확인한다.

모닝빵

모닝빵은 우리나라에서 간단한 아침 식사나 간식으로 즐겨 먹어서 '모닝빵'이라는 이름이 붙었고 영미권에서는 'Dinner Rolls'라고 부를 정도로 식사용으로 자주 먹는 빵이다. 유럽의 딱딱한 주식용 빵과는 달리 식감을 부드럽게 하기 위해서 우유의 비중을 높게 하여 만든다.

모닝빵에 들어가는 재료는 밀가루, 소금, 이스트, 우유, 달걀, 버터 등으로 식빵과 같아 맛이 비슷한데 둥글고 조그맣기 때문에 따로 자르지 않고 그대로 먹기에 간편하다는 이점이 있다.

모닝빵을 만들기 위해서는 밀가루에 식염과 이스트를 넣어서 여러 번 체로 쳐낸 뒤 우유, 달걀, 버터 등을 넣고 혼합한 다음 밀가루와 반죽하여 발효과정을 거친 후 손으로 가스를 빼고 둥글게 만들어 오븐에 갈색 빛이 나도록 구워낸다.

모닝빵은 모양과 재료에 변형을 주기도 한다. 보통 동그란 모양이지만 틀 안에 작은 반죽을 오밀조밀하게 모아서 구워 쉽게 뜯어먹을 수 있는 덩어리 빵 형태, 작은 반죽 두어 개를 이어붙인 눈사람 같은 형태 등으로 변형을 준다. 이 외에 모닝빵의 일반적인 배합에서 물과 우유 같은 기존의 배합을 더 줄이고 잘게 썬 채소나 팥소와 앙버터를 추가하여 '채소모닝(빵)', '앙버터모닝빵' 등을 내놓기도 한다.

모닝빵은 기호에 따라 곁들여 먹을 수 있는 음식이 무궁무진하다. 먼저 음료로는 주스나 우유와 함께 먹을 수 있고 마멀레이드나 잼, 버터 등을 발라먹을 수 있다. 물론 수프에 찍어 먹어도 좋다. 샌드위치의 베이스로도 사용하는데 이 경우에는 샌드위치에 어떤 것을 넣느냐에 따라 모닝빵을 다채롭게 즐길 수 있다.

Ham, Goat Chesse and Caviar with Sherry Wine Vinaigrette

햄과 염소치즈, 철갑상어 알을 곁들인 셰리와인 비네그레트의 전채요리

Ingredients / 재료

엑스트라버진 올리브 오일 45ml
셰리와인 비니거 15ml, 레몬주스 5ml
꿀 5g, 프로슈토 햄 10g
고트치즈 20g, 캐비아 3g
노랑 방울토마토 2개, 엔다이브 2잎
래디시 1개, 용과 1/8개
완두순 3줄기, 식용꽃 2잎
식초 30ml, 설탕 30g
소금, 후추

파슬리

미나릿과에 속하는 식물로서 서양요리에 빠질 수 없는 대표적인 향신료다. 컬리 파슬리는 이름처럼 잎의 끝이 곱슬한 모양으로 장식용으로 많이 활용된다.
파슬리는 강한 향으로 재료의 잡내를 잡아주고 맛을 한층 더 살려줘 고기, 생선요리에 자주 사용된다는 점에서 고수(코리앤더)와 쓰임새가 아주 비슷하지만, 그보다는 조금 더 향이 부드러워 다른 재료의 맛을 거스르지 않고 잘 조화되는 편이다. 그렇더라도 특유의 쓴맛이 있으므로 소량만 적당히 사용하는 것이 좋다.
파슬리는 건조시키면 변색되기 때문에 신선한 상태로 사용한다. 주로 샐러드를 만드는데 잎을 잘게 다져서 가니시로 사용하거나 즙을 내어 드레싱이나 소스로도 활용한다. 마늘빵, 수프, 스파게티, 그라탱 등에 넣는다.

Method / 조리법

1. 허브와 잎채소는 깨끗이 씻어 수분을 제거한다.
2. **래디시 피클 만들기**
   1) 물, 설탕, 식초를 1:1:1의 비율로 끓인다.
   2) 래디시는 1/4 웨지 커팅하여 피클액에 담가 놓는다.
3. **셰리와인 비네그레트 만들기**
   1) 올리브 오일에 셰리와인 식초와 레몬 주스를 섞어 유화시킨다.
   2) 1)에 레몬 주스와 꿀, 소금, 후추를 넣고 섞는다.
4. 엔다이브는 사선으로 자르고 방울토마토는 1/4 웨지 커팅한다.
5. 용과는 껍질을 벗기고 사선으로 자른다.
6. 프로슈토는 길이로 2~3등분 한다.
7. 접시에 프리세를 펼쳐 담는다.
8. 엔다이브, 방울토마토, 용과, 래디시피클, 고트치즈, 프로슈토, 캐비아를 담고 완두순과 소렐, 꽃을 보기 좋게 올린다.
9. 셰리와인 비네그레트를 뿌리고 소금, 후추 간한다.

특이사항

1. 셰리와인 비네그레트는 서빙 직전 한 번 더 유화시킨 후 뿌린다.
2. 래디시 피클은 피클액이 뜨거운 상태에서 절인다.
3. 화사한 느낌으로 색채감 있게 담는다.

올리브 오일

다양한 식물성 기름 중 올리브 오일(olive oil)을 많이 사용하는 이유는 건강에 더욱 유익한 기능이 있기 때문이고, 특히 지중해식 식단의 필수 식품이기도 하다. 올리브 오일의 영양소는 포화지방산(15.7g), 단일불포화지방산(70.7g), 다가불포화지방산(8.9g), 오메가-3 지방산(1.5g 이하), 오메가-6 지방산(3.5~21g), 비타민 E(14mg), 비타민 K(62μg)를 함유하고 있다.
그중 단일불포화 지방산인 올레산(oleic acid)을 70% 이상을 함유하고 있고, 이 성분은 다른 불포화지방산에 비해 조리과정에서 열로 인한 산화가 일어나지 않아 쉽게 손상되지 않는다. 그리고 비타민 E와 더불어 폴리페놀(하이드록시타이로솔), 식물성 스테롤 성분 등의 항산화제가 들어있어서 항산화 효능이 뛰어나다.
이 항산화 효능에 의해 소염작용으로 각종 질병을 예방하고, 자외선이나 노화로부터 피부를 보호하며 암의 주요 요인 중 하나인 활성산소를 제거하여 암 발병률을 낮춰주는 기능이 있다.

1회 제공량당 함량(g)		1일 영양성분 기준치에 대한 비율(%)	1일 영양성분 기준치(g)
총 지방산	95.4	–	–
총 필수지방산	8.9	–	
총 포화지방산	15.7	104.7	15
총 단일불포화 지방산	70.7	–	
총 다중불포화 지방산	8.9	–	

또한, 올리브 오일에 포함된 단일불포화지방산(올레산)은 체내 나쁜 콜레스테롤(LDL-cholesterol)의 수치를 감소시키고, 좋은 콜레스테롤(HDL-cholesterol)의 수치를 증가시켜 혈관의 내벽을 청소하여 혈관에 쌓이는 콜레스테롤을 없애고 혈압을 낮추어 혈액순환이 원활하게 도움을 준다. 그리고 혈관을 개선함으로써 혈관이 막혀서 발생하는 심부전증, 협심증, 동맥경화, 뇌졸중, 심근경색 등을 예방하는 데 도움을 준다. 하지만 올리브 오일은 칼로리가 높기 때문에 적당히(하루 칼로리의 20~30%) 섭취해야 한다.

Smoked Paprika Flavored 3 Bell Pepper Soup
훈제 파프리카 향의 3가지 피망 수프

Ingredients / 재료

청피망 1/2개, 홍피망 1/2개, 마늘 10g, 감자 1/4개, 치킨스톡 300ml
스모크 파프리카 파우더 0.1g, 엑스트라버진 올리브 오일 30ml
무염버터 20g, 월계수 잎 3장, 생크림 50ml, 소금, 후추

Method / 조리법

1. 3가지 피망은 직화로 태워 껍질을 제거하고 다이스 커팅한다.
2. 마늘은 다지고 감자와 양파는 다이스 커팅한다.
3. 각각의 피망을 따로 조리한다.
   1) 냄비에 버터 두른 후 양파, 마늘 볶고 감자와 피망을 볶는다.
   2) 치킨육수를 첨가하고 월계수 잎을 넣어 끓인다.
   3) 블렌딩 후 체에 걸러 생크림 넣고 소금과 후추 간하여 버터로 마무리한다.
4. 생크림은 70% 휘핑한다.
5. 수프볼에 3색의 수프를 담고 휘핑한 생크림을 올린 후 훈제 파프리카 파우더와 올리브 오일을 뿌린다.

특이사항

1. 수프 농도를 알맞게 한다.
2. 피망은 잘 태워 껍질을 깔끔하게 제거하여야 한다.

파프리카의 영양/건강/효능

식품은 같아도 색깔에 따라 영양성분이 달라지는 컬러푸드(color food)가 있다. 그래서 다양한 색깔의 파프리카(paprika)는 영양성분에 어떤 차이가 나는지 살펴보았다. 그래프의 색상은 파프리카의 색상과 일치하다.

노란색 파프리카는 철, 베타카로틴, 비타민 B_2에 비해 비타민 C가 다량 함유되어 있고, 빨간색 파프리카는 베타카로틴, 비타민 B_2, 비타민 C, 주황색 파프리카는 베타카로틴과 비타민 C, 비타민 B_2, 초록색 파프리카는 철과 비타민 C가 다량 함유되어 있다. 이를 통해 파프리카는 색깔별로 효능이 다르다는 것을 추측할 수 있다. 노란색 파프리카는 비타민이 풍부하여 피로회복과 노화방지 효과가 있고 스트레스 감소에 도움을 주며 피부 탄력을 유지시킨다. 특히 노란 파프리카에 함유된 파라진 성분은 혈액순환을 촉진하며 혈액 응고를 방지해 고혈압, 뇌경색, 심근경색과 같은 혈관질환을 예방하는 데 도움이 된다.

빨간색 파프리카는 생활에서 가장 흔하게 볼 수 있는데 빨간색을 띠는 색소 라이코펜은 신체의 노화와 질병의 원인인 활성산소의 생성을 억제한다. 또한 비타민 A의 전구체인 베타카

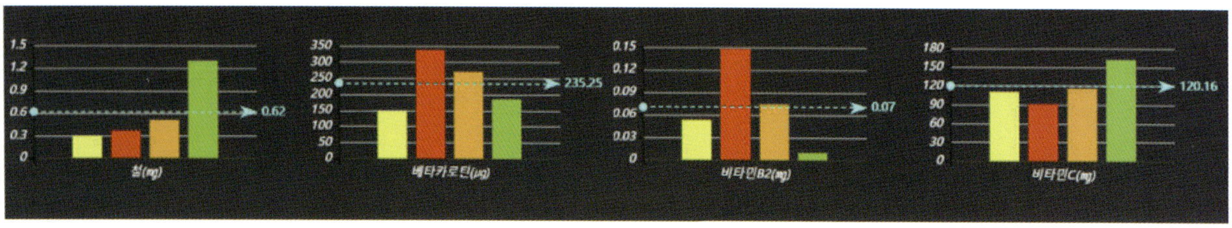

출처: 식품의약품 안전처 식품영양성분 데이터베이스 (https://www.foodsafetykorea.go.kr/fcdb/)

로틴과 비타민 C를 많이 함유하고 있어서 이들 성분으로 인한 항산화 작용이 암과 관상동맥증을 예방해주고, 성장촉진 및 면역력을 강화하는 데 도움을 준다. 그리고 구내염, 지루성 피부염, 신경계 질환 등 수용성 비타민 B_2 결핍증을 예방하는 데 도움이 된다.
주황색 파프리카는 지용성 비타민인 비타민 A 전구체인 베타카로틴과 수용성 비타민인 비타민 C를 다량 함유하고 있으므로 로돕신의 생성에 도움을 주어 야맹증을 예방하고 시각 관련 기능에 도움을 준다. 그리고 비타민 C가 콜라겐 합성을 촉진하여 피부노화를 방지하고 멜라닌 색소를 억제하여 미백효과에도 도움을 준다.
초록색 파프리카는 다른 색상 파프리카에 비해 철분이 다량 함유되어 있어 빈혈 예방에 도움이 되고, 비타민 C가 현저히 많아 항산화 작용의 큰 효과를 기대할 수 있다. 파프리카는 색깔별로 다양한 효능이 있지만 어떤 색이든 비타민은 물론이고 철, 칼슘, 칼륨 등을 함유하고 있으므로 건강에 좋은 식품이다.

청피망•홍피망

피망은 고추의 품종을 개량하여 매운맛을 없앤 채소로 두꺼운 꼭지가 달린 동그란 원통형이다. 시중에서 초록색과 빨간색 피망을 볼 수 있는데 수확할 때 완숙 여부에 따른 것이다. 피망은 비타민 C를 다량 함유하고 있으며, 조직이 견고하여 가열해도 비타민이 잘 파괴되지 않는 장점이 있다. 서양에서는 피망과 파프리카를 같은 분류로 보지만 우리나라에서는 파프리카와 피망을 다른 채소라고 인식한다. 피망은 파프리카보다 매운맛이 강하고 두께가 얇으며 당도가 낮다. 따라서 파프리카는 주로 샐러드 등으로 신선한 상태로, 피망은 고추잡채나 피망볶음 등 볶아서 섭취한다.

Beef Wellington with Port Wine Sauce

포트와인 소스를 곁들인 비프웰링턴

Ingredients / 재료

소 안심 150g, 페이스트리 시트 1장, 시금치 30g, 감자 1개, 프로슈토 햄 5g, 줄기토마토 1/2개
마늘 2개, 로즈마리 2잎, 타임 1잎, 달걀 1개, 무염버터 10g, 샐러드유 30ml
엑스트라버진 올리브 오일 30ml, 파슬리 1잎, 양송이 2개, 표고버섯 1개, 샬롯 30g
트러플 오일 5ml, 소금, 후추

Method / 조리법

1. 소 안심에 올리브 오일, 로즈마리, 마늘, 소금, 후추를 마리네이드한다.
2. 샬롯, 표고, 양송이, 마늘, 파슬리는 다진다.
3. 시금치는 잎만 데치고 감자는 원통형으로 잘라 삶는다.
4. 토마토는 올리브 오일, 타임, 다진 마늘, 소금, 후추 양념 후 200℃ 오븐에서 로스트한다.
5. 데친 시금치는 버터와 소금, 후추 간하여 볶는다.
6. 다진 샬롯과 표고, 양송이를 볶다가 생크림과 소금, 후추 간하고 트러플 오일을 섞어 뒥셀을 만든다.
7. 소 안심은 시어링 후 머스터드를 바른다.
8. 페이스트리 시트를 깔고 프로슈토 → 뒥셀 → 소 안심 → 뒥셀 → 시금치 → 프로슈토 →페이스트리 시트 순으로 덮어 200℃에서 굽는다.
9. 감자는 삶아 체에 내린 후 생크림과 소금, 후추 간하고 파슬리와 섞은 다음 원통 감자에 채운다.
10. 포트와인을 팬에서 졸이다가 글라스 드 비앙드를 넣고 졸여 소금과 후추로 간한 후 버터를 넣어 소스를 완성한다.
11. 접시에 비프 웰링턴을 반 잘라 담고 소스를 뿌린 후 로스트 토마토와 감자를 담는다.
12. 허브를 토핑한다.

특이사항

1. 페이스트리 시트가 타지 않고 잘 구워져야 한다.
2. 소스의 농도가 적절해지도록 조절한다.
3. 소 안심의 내부온도는 미디엄~미디엄 웰던으로 맞추고 오버 쿡 되지 않게 한다.

소고기 안심

소고기 안심은 채끝 밑 복강 쪽, 즉 허리등뼈 끝자락의 복강 안쪽 부분에 붙어 있는 단일근육살로 소 한 마리에서 약 2~3%에 해당하는 5.8kg 정도만 생산되는 귀한 부위이다. 주로 짙은 진홍색을 띠며 고기의 결이 비단결처럼 고운 것이 특징이다. 안심은 위치상 운동량이 많지 않아 근내지방(마블링)이 적기 때문에 소고기 부위 중에서 가장 부드럽고 연하지만 열을 오래 가하면 육질이 질겨진다. 또한 육색소의 함량이 높아 육색이 짙으나 변색이 빨리 일어나니 구입 후 되도록 빨리 소진하는 것이 좋다. 안심살은 지방이 적어 담백하기 때문에 주로 구이, 스테이크 같은 요리에 적합하다.

로즈마리

로즈마리는 온대성 기후에 자라는 다년생 허브로 남유럽이 원산지이며 '바다의 이슬'이란 별명이 있다. 로즈마리 잎의 앞면은 광택이 있고 짙은 녹색이며, 뒷면은 흰색이고 회색 솜털이 있다.

로즈마리는 특유의 신선한 향으로 재료의 잡내를 잡아주고 향미를 증진하여 고기·생선요리에 자주 사용된다. 특히 차나 칵테일과 같은 음료에 활용하면 로즈마리 향을 제대로 즐길 수 있다.

로즈마리는 수확한 후에 건조과정을 거쳐 서늘하고 통풍이 잘되는 장소나 냉동에서 보관한다. 특히 비닐로 싸서 냉장하면 오래 두고 먹을 수 있다.

식품의약품안전처에 따르면 로즈마리추출물은 자외선에 의한 피부손상으로부터 피부건강 유지에 도움이 된다고 건강기능식품 기능성 원료로 인정받아 건강기능식품뿐만 아니라 화장품에도 활용되고 있다.

트러플 오일

트러플 오일은 트러플(Truffle, 송로버섯)의 은은하고 몽환적인 풍미가 담긴 오일을 말하며 어떤 베이스 오일을 사용하느냐에 따라 향이 천차만별이다. 트러플은 국내에서는 자생하지도, 재배하지도 않아 볼 수 없으며 유럽 국가에서 전량 수입하고 있다.

트러플은 크게 화이트, 블랙 트러플로 구분되는데 부드럽고 은은한 향으로 진하고 고급스러운 맛을 즐기고 싶다면 화이트 트러플 오일, 트러플 특유의 농후한 향을 즐기고 싶다면 블랙 트러플 오일을 선택하면 좋다.

트러플 오일은 양식에서 사용되는데 우리나라의 참기름처럼 주로 요리의 마무리 단계에서 첨가하여 음식에 깊이를 더해준다. 다만, 향이 매우 강하므로 소량만 사용해야 한다.

트러플 오일을 요리 과정 중에 사용하면 더욱 깊은 맛을 느낄 수 있는데 그 방법은 소스나 버터를 만들어서 활용하는 것이다.

마늘, 양파의 건강에 관한 효능

백합과(마늘과, Allium sp.)에 속하며, 독특한 냄새 성분이 있는 마늘(galic)과 양파(onion)는 항균작용이 있어 각종 염증을 예방해주는 성분을 함유하고 있다. 그중 효소반응으로 생성된 황화합물인 알리신(allicine) 성분은 바이러스나 곰팡이, 대장균에 대한 살균 효과가 뛰어나 감기, 대장염, 소장염, 기관지염을 예방해준다. 그리고 혈액순환을 촉진하며 모세혈관을 넓혀 수족냉증에 효과가 있고, 위액분비를 자극하므로 마늘을 매일 조금씩 먹으면 위장 활동도 좋아진다. 그 외 동맥경화, 혈전예방 효과도 기대할 수 있다.

알리신은 비타민 B_1이 체내에서 빠져나가는 것을 막아 피로회복과 스태미나 향상에 도움을 주고, 에너지대사를 원활하게 해주는 역할을 하므로 비타민 B_1이 많이 함유된 식품과 같이 섭취하면 체내 흡수율을 증가시켜 줄 수 있다. 비타민 B_1의 대표적인 결핍증인 각기병이 백미 위주의 식사를 많이 하는 한국인에게 드문 이유는 바로 마늘의 섭취량이 많기 때문이라고 할 수 있다. 특히 마늘은 세계 10대 슈퍼푸드 중 하나이며, 강한 냄새를 제외하고는 100가지 이로움이 있을 정도로 웰빙 식품으로 인정되고 있다.

마늘은 체내에서 생성되는 유해 활성산소를 제거해주는 항산화 기능이 뛰어나고 면역력을 증진시켜 줌으로써 질병으로부터 강한 방어기능을 생성시켜 심혈관 질환까지도 예방하는 데 효과적이다. 생마늘을 먹기 힘들다면 굽거나 튀겨서 먹어도 된다. 영양가의 변화 없이 마늘 특유의 맵고 아린맛이 사라지고 훨씬 먹기 편해지며 소화율과 흡수율도 증가한다. 단, 자극이 강하기 때문에 너무 많이 섭취하면 위 점막에 자극을 줄 수 있으니 주의해야 한다.

양파에 함유된 비타민 C, 셀레늄, 식이섬유는 노화와 암을 예방한다. 양파의 색소성분인 플라보노이드계 색소 중 안토잔틴은 항산화 기능이 있어 혈액순환이 잘되게 하여 피로회복을 돕고 손발저림과 두통을 감소시키는 효과가 있다. 그리고 혈액 속의 콜레스테롤, 지방 등을 분해하여 피를 맑게 하고 칼슘과 철분이 풍부하여 강장 효과가 있다. 양파는 무기질이자 인슐린 생성 보조인자인 크롬(Cr)이 풍부하여 인슐린의 생성과 방출을 촉진하여 혈당을 안정적으로 유지하는 효과가 있다. 따라서 양파를 즐겨 먹으면 당뇨병을 예방하고 치료하는 데 도움이 된다.

Strawberry Macaroon

딸기 마카롱

딸기 마카롱 재료
설탕 250g, 물 100g, 흰자 100g

반죽 재료
슈거파우더 250g, 아몬드파우더 250g, 흰자 100g

딸기 가나슈 크림 재료
화이트초콜릿 150g, 딸기 퓌레 30g, 생크림 120g, 내추럴믹스 딸기 소량

이탈리안 머랭 만드는 과정
1. 냄비에 물 100g, 설탕 200g을 끓여 118℃까지 졸인다.
2. 흰자 거품에 설탕 50g을 넣고 머랭을 만든다.
3. 졸인 시럽을 머랭에 천천히 부어준다.

반죽 만드는 과정
1. 슈거파우더와 아몬드파우더를 체 친다.
2. 흰자를 넣으면서 저어준다.
3. 반죽에 이탈리안 머랭을 2~3회 나누어 넣으면서 섞어준다.
4. 내추럴믹스 딸기를 넣고 딸기색깔을 낸다.
5. 지름 1.3~1.5cm 원형 모양 깍지를 짤주머니에 끼우고 반죽을 담는다.
6. 팬에 실리콘 패드를 깔고 지름 4.6cm 크기로 짜준다.
7. 실온에서 20~30분 건조시킨 후 오븐온도 120~130℃에서 12~13분간 굽는다.
8. 식힌 후 같은 크기로 맞추어 가나슈 크림을 넣고 샌드한다.

딸기 마카롱 만드는 과정
1. 냄비에 생크림 딸기 퓌레를 끓인다.
2. 볼에 화이트초콜릿을 준비하여 끓인 생크림을 넣고 잠시 후 실리콘 주걱으로 저어준다.
3. 내추럴믹스 딸기를 첨가하여 색깔과 딸기 맛과 향을 낸다.

마카롱(Macaroon)
프티푸르 세크(Petits Fours Secs)의 한 종류로 작고 동그란 건과자이다. 흰자와 설탕으로 머랭(meringue)을 만든 다음 아몬드파우더, 슈거파우더 등을 넣어서 만든다. 프랑스 낭시(Nancy) 지방의 마카롱이 가장 유명하며 독일어로는 마크 로네라고 한다.
크러스트(crust) 사이에 과일 잼, 초콜릿으로 만든 가나슈, 버터크림 등 다양한 필링(filling)을 채워서 샌드위치처럼 만들며, 껍질이 매끈하고 바삭한 크러스트, 부드럽고 촉촉한 속, 달콤한 필링의 삼단 구조가 빚어내는 독특한 식감, 맛, 향, 다양한 고운 빛깔이 특징이다.

Strawberry Eclair

딸기 에클레르

파트 아 슈 재료

물 125g, 버터 75g, 박력분 75g, 달걀 3개, 소금 1g, 딸기 200g

크렘 파티시에 재료

우유 450g, 버터 30g, 노른자 4개, 설탕 110g, 박력분 55g
소금 1g, 바닐라 빈 1개, 그랑 마르니에 15g

파트 아 슈 만드는 과정

1. 냄비에 물, 소금, 버터를 넣고 끓인다.
2. 불 위에서 체 친 밀가루를 넣고 충분히 저어준다.
3. 불에서 내려 달걀을 2~3번에 나누어 넣으면서 저어준다.
4. 달걀의 크기에 따라서 농도가 다를 수 있다. 주걱으로 반죽이 뚝뚝 떨어지는 정도가 적당하다.
5. 짤주머니에 원형 깍지를 끼우고 반죽을 채워서 짜준다.
6. 반죽 윗면에 물을 뿌리고 오븐에서 굽는다.(200/210℃)
7. 껍질 윗면을 자르고 크렘 파티시에 크림을 채운 다음 딸기를 올린다.

크렘 파티시에 만드는 과정

1. 바닐라 빈 껍질 한 면을 자른 다음 씨를 발라서 껍질과 같이 우유에 넣고 약한 불에서 끓기 직전까지 데운다.
2. 노른자에 설탕, 소금을 넣고 저어준다.
3. 체 친 밀가루를 섞어준다.
4. 데운 우유를 2~3번에 나누어 넣으면서 섞어준다.(바닐라 빈 껍질은 제거해 준다.)
5. 다시 불 위에 올려 되직한 상태까지 거품기로 저어준다.
6. 불에서 내린 후 조금 있다가 버터를 넣고 섞어준다.
7. 완전히 식으면 그랑 마르니에를 섞어준다.

에클레르(Eclair)

에클레르는 프랑스어로 '번개'라는 뜻으로 슈의 표면에 바른 퐁당 쇼콜라가 빛에 반사해서 번개처럼 빛난다고 해서 붙여진 명칭이다. 또한 '매우 맛있어서 번개처럼 먹는다'는 뜻으로 표현되기도 한다. 19세기 프랑스에서 탄생한 에클레르는 길게 구운 버터 슈(choux)에 커스터드 크림이나 휘핑크림, 커피크림, 초콜릿크림, 다양한 과일을 이용한 과일크림 등으로 속을 채운 뒤 표면에 퐁당 쇼콜라, 초콜릿 등을 입힌 것이다. 여기에 다양한 과일이나 꽃잎 등으로 장식하면 에클레르가 완성된다.

디저트의 개념

디저트는 서양요리 식단에서 샐러드 다음에 나오는 앙트르메나 과일 같은 후식으로 본래는 프랑스어로 '식사를 끝마치다' 또는 '식탁 위를 치우다'의 뜻이다. 식사를 다 끝마치고 식욕이 충족된 상태에서 끝맺음을 우아하고 눈을 즐겁게 하여 식사의 여운을 마무리하는 데 목적이 있다. 이 과정을 디저트 코스라고 하여, 영국이나 미국에서는 젤리, 푸딩, 케이크, 아이스크림, 과일 등을 낸다. 프랑스 요리에서 말하는 앙트르메는 원래 정식 식사에서 요리 사이에 내는 음식이었으나 현재는 식사 후의 후식을 의미한다. 앙트르메는 이미 끝마친 요리의 맛을 효과적으로 돋우기 위한 것으로 그 종류가 많으며 달걀, 설탕, 우유, 크림, 양주, 과일, 견과류, 향료 등을 사용하여 만들며, 뜨거운 것과 찬 것으로 나뉜다. 뜨거운 것은 앙트르메 쇼(entremet schaud)라고 하며, 수플레(souffle), 크레프(crepes) 등이 있고, 찬 것은 앙트르메 프루아(entremets froid)라고 하여 냉과(冷菓)와 아이스크림이 있다. 더운 것과 찬 것을 모두 제공할 때는 더운 것을 먼저 낸 다음 찬 것을 후에 내는 것이 순서이다. 디저트 코스로 들어가면 흡연을 하고, 자연스럽게 테이블 스피치(table speech)도 한다. 16세기 프랑스에서는 부와 권력을 가진 사람들이 테이블 위에 잘 차려진 요리를 즐기기 시작하였고 이로 인해서 디저트 또한 시각적으로 더욱 화려하고 사치스럽게 발전하였다. 따라서 마지막에 나오는 디저트는 자연스럽게 그 날의 만찬을 마무리하는 최고의 요리로 변화되었다. 전통적으로 거대하게 행사를 치르는 연회에서 대부분 다섯 가지 코스요리가 나왔는데, 이 중에서 다섯 번째 나오는 마지막 코스가 매우 화려하고 장대하면서도 우아한 모양의 디저트로 제공되었다. 17세기에 들어와서 디저트는 향과 장식적인 면에서 좀 더 진보하는 경향을 보이게 되었다. 이때 만들어진 디저트 요리로는 마지팬, 누가, 피라미드, 혼성주를 이용한 비스킷과 크림, 설탕과 오렌지 향을 섞은 아몬드 사탕, 피스타치오 등으로 매우 풍성하고 단맛이 강하며, 방향성이 짙은 것이 특징이라고 할 수 있다. 20세기에 접어들면서 공장형 디저트의 등장으로 인스턴트 디저트라는 단어가 사용되면서 산업형 디저트 시대를 맞이하였다. 이때부터 분말형 디저트 재료가 생산되고 전처리 과정을 거쳐서 다양한 디저트 종류를 많은 기술 없이도 생산할 수 있게 되었다.

Wine Marriage (와인 마리아주) Tip!

Felton Road, Bannockburn Pinot Noir

펠튼 로드 배녹번, 피노 누아

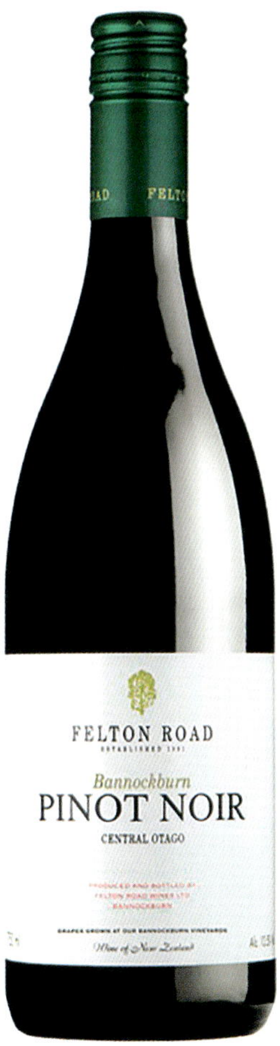

https://feltonroad.com
*국가/생산지역: 뉴질랜드 〉 남섬 〉 센트럴 오타고 〉 배녹번
*품종: 피노 누아 100%
*알코올: 13.5%

세계에서 가장 남쪽에 있는 와인 산지는 센트럴 오타고로 펠튼 로드에 속해 있다. 주위에는 만년설로 덮인 높은 산들이 둘러싸 아름다운 풍경을 자랑한다. 펠튼 로드의 영역은 센트럴 오타고 배녹번의 The Elms, Calvert, Cornish Point 총 3개의 포도밭에 걸쳐 총 32헥타르에 달한다. 펠튼 로드는 피노 누아가 유명하고 블록마다 일일이 손으로 재배할 정도로 정성을 들인다.

포도의 일부는 송이째 세심하게 오픈 발효조에서 펌핑을 하지 않고 오랫동안 침용을 실시, 토착 효모를 이용하여 발효를 진행한다. 자연적 껍질과 침용되도록 25%는 줄기를 제거한 열매만 발효, 75%는 줄기까지 발효, 30%는 새 오크통에서 13개월 동안 숙성하며 여과나 정제없이 병입한다.

후각에서 느껴지는 다크 체리, 가죽향, 로즈힙 같은 향들이 건자두, 시나몬 스파이스, 육두구, 말린 백리향 등의 미각으로 어우러지며, 매끄러운 타닌이 입 안을 코팅하는 풍부하고 매력적인 과일 향과 훌륭한 밸런스를 이룬다.

발 드 루아르

잠시 눈을 감고 목가적인 시골에 염소들이 자유로이 풀을 뜯고 있는 모습을 상상해보자. 이곳은 여러 종류의 염소치즈와 와인으로 유명한 프랑스 중부지역의 발 드 루아르로 아름다운 풍경과 자연에 더 가까이 다가갈 수 있는 지역이다. 구글 지도에서 프랑스를 보면 초록색 평야가 주를 이루는 즉, 산맥이나 산이 거의 없는 지역임을 한눈에 알 수 있다. 거기다 더불어 대서양을 향해 흐르는 센강과 지중해를 향하는 론강은 프랑스를 미식의 나라로 만들기에 충분함을 미루어 짐작하게 한다.

알토 도루

세계 2대 주정강화 와인 하면 포트와인하고 셰리와인이다. 강화 와인은 긴 항해에 따른 와인 변질을 막고자 브랜디를 첨가하면서 유래하였다. 물론 브랜디를 첨가하여 주정을 강화하는 시기가 조금 차이가 난다. 포트와인은 발효 중에 브랜디를 첨가하고 셰리와인은 발효 후에 주정을 강화한다. 우선 모두가 알고 있듯이 포트와인 하면 포르투갈 북부 알토 도루(2001년 유네스코 세계문화유산으로 선정됨)를 포함한 도우로강 주변 지역을 생각하게 되고 셰리와인 하면 스페인 남부지역 헤레스 데 라 프론테라를 떠올린다.

Lisbon, Portugal City Skyline with Sao Jorge Castle

포르투갈은 유럽대륙의 남서쪽 끝에 위치한 작은 편에 속하는 나라이다. 15세기부터 시작된 대항해시대에는 남아메리카, 아시아, 아프리카, 오세아니아를 넘나드

는 제국을 건설하였고, 이를 통해 전 세계에서 경제, 정치, 군사적으로 가장 중요한 강대국으로 거듭났다. 1999년 마카오 반환까지 수백 년간 식민지를 유지한 제국이었으나 브라질이 독립하면서 국력이 쇠퇴하였고 나머지 모잠비크, 앙골라도 독립하면서 선진국이긴 하지만 1인당 GDP가 낮은 편에 속하며 수돗물과 전기를 사용할 수 없는 인구도 존재한다. 그러나 의료시스템과 인간개발지수는 최상을 유지하고 있어서 지구촌 사람들에게는 평화롭고 행복한 나라의 이미지를 전달하고 있다. 포르투갈은 관광이 경제에서 10% 넘게 차지하고 유럽에서 두 번째로 관광객이 많이 숙박하는 도시 리스본이 있어서 저렴한 동유럽과 치열한 외국인 유치 경쟁을 하고 있다. 한편, 지중해성 기후로 유럽 국가들 중에서 가장 온화하기에 계단식 포도밭에서 전통적인 방식으로 포트와인을 생산하고 있다.

Salamanca Cathedral in Salamanca, Spain

헤레스

스페인은 포도 재배면적이 세계 최대이고 와인 생산량 또한 세계 3위를 차지하며 셰리와인의 생산량 역시 5% 정도로 나름 중요한 역할을 하고 있다. 스페인 남부지역의 안달루시아 헤레스가 주 생산지이다. 이곳은 바다에서 12km 떨어져 있는 카디스 산맥과 대서양 사이에 위치하며 매년 5월 초 그랑프리 모터사이클 경주가 열리는 곳이다.

Scenic aerial view of the Seine river and green fields in French countryside

Chapter 2_한국관광대학교 참여교수

호텔조리과
민경천 교수 (메인요리)

호텔제과제빵과
오동환 교수 (식전빵)

호텔제과제빵과
이재진 교수 (디저트)

호텔조리과
주향란 교수 (식재료, 영양)

호텔조리과
이은경 교수 (식재료)

외식경영과
김준원 교수 (와인)

관광경영학과
이 황 교수 (관광지)

The story of a

Patissier&Chef

CHAPTER

02

Escargot Vol au Vent

Caramelized Onion Soup with Swiss Cheese

Lamb Loin with Gremolata and Lamb jus, Eggplant Puree, Garlic Confit, Mint Emulsion

고소한 버터롤

Ingredients / 재료

강력분 1000g, 물 530g, 이스트 30g
개량제 10g, 소금 20g, 설탕 100g
분유 30g, 달걀 80g, 버터 150g

버터롤빵

롤빵은 크루아상처럼 반죽이 말려 있는 작고 둥근 빵이다.
아침 식사 빵으로 제공되며, 버터나 잼을 곁들여 커피와 함께 먹기도 한다.
통째로 내거나 반으로 갈라 내며, 안에 소를 채워 샌드위치 등을 만드는 데도 쓰인다. 롤빵은 유럽에서 흔한 빵이며, 특히 독일과 오스트리아, 이탈리아에서 유명하다. 독일과 오스트리아에는 롤빵의 종류가 많다. 밀가루로 만드는 '화이트 롤'부터 호밀가루를 넣은 '다크 롤'까지 다양하다. 이탈리아에서는 롤빵을 '파니노' 또는 '파니니'라고 부르며 오스트레일리아와 뉴질랜드, 캐나다와 브라질 등 많은 곳에서도 쉽게 찾을 수 있다. 한국에서는 '버터롤빵'이라는 이름으로 알려진 빵도 롤빵의 한 종류이다.
롤빵에는 통밀, 고수 씨, 커민, 견과, 참깨, 해바라기 씨, 양귀비 씨 등 여러 종류의 향신료가 들어가기도 한다.

Method / 조리법

1. 버터를 제외한 모든 재료를 넣고 믹싱한다. 클린업 단계에서 버터를 넣고 믹싱한다.
2. **1차 발효 :** 50~60분
3. **분할 :** 40g씩 분할하여 둥글리기를 해 놓는다.
4. **중간발효 :** 10~15분
5. **성형 :** 밀대로 길게 밀어서 말아준다.
6. **패닝 :** 12개씩(1철판)
7. **2차 발효 :** 50~60분
8. **굽기 :** 200~210℃ / 160℃에서 11~12분 구워주면서 상태를 확인한다.

크루아상

크루아상(croissant)은 버터를 듬뿍 넣은 반죽을 켜켜이 쌓아 층을 만든 초승달 모양의 빵이다. 잘 구운 크루아상을 가르면 고소한 버터 향과 함께 여러 개의 결을 볼 수 있다. 크루아상은 프랑스어로 초승달을 의미한다. 따라서 프랑스의 빵으로 많이들 알고 있지만, 이는 사실이 아니다. 크루아상은 본래 헝가리의 전통 빵이다. 1600년대 후반에 헝가리에서 오스트리아로 전해졌고, 오스트리아 사람인 마리 앙투아네트가 프랑스 루이 16세와 결혼하면서 프랑스에 소개되었다. 잘 구워진 크루아상은 속에 여러 겹이 층층이 쌓여 있는데, 이는 탄산가스층과 접기형 반죽에서 나타나는 버터층으로 구성된 것이다. 호텔에서는 크루아상을 커피 혹은 홍차 등의 음료를 곁들여 컨티넨탈 조식(continental Breakfast)으로 제공한다. 크루아상이 지방분이 많으면서도 짭짤하고 담백하여 가벼운 한 끼 식사로 적당하다. 최근에는 크루아상 생지를 와플팬에 넣고 구운 '크로플'이 디저트로 유행하고 있다. 크로플은 크루아상의 풍미와 와플의 바삭한 식감을 동시에 느낄 수 있으며 토핑, 시럽 등을 기호에 따라 곁들여 시각적으로도 좋고, 풍부한 맛과 향을 즐길 수 있다.

Escargot Vol au Vent

페이스트리에 채운 달팽이 요리

Ingredients / 재료

볼오방 쉘 1개, 달팽이 5개, 양송이 1개, 레드와인 15ml
샬롯 1/6개, 생크림 30ml, 홀그레인 머스터드 3g, 타임 2잎
방울토마토 3개, 식초 30ml, 발사믹크림 20g, 무염버터 10g
프리세 15g, 래디시 1/4개, 파르메산 치즈 20g
설탕 30g, 소금, 후추

Method / 조리법

1. **볼오방 쉘:** 페이스트리 시트를 원형으로 만든 후 오븐에서 굽는다.
2. 방울토마토는 끓는 물에 데쳐 껍질을 제거한다.
3. 데친 방울토마토는 물, 설탕, 식초를 1:1:1의 비율로 끓여 담가 놓는다.
4. 샬롯, 타임은 차핑하고 래디시는 얇게 슬라이스하여 물에 담가 놓는다.
5. 양송이는 달팽이 크기에 맞춰 웨지 커팅한다.
6. 파르메산 치즈는 그레이트 하여 팬에서 칩을 만든다.
7. 팬에 버터를 두르고 샬롯을 볶다가 버섯, 달팽이 → 레드와인 → 생크림 순으로 넣어 볶고 불을 줄여 홀그레인 머스터드와 소금, 후추, 타임을 넣고 섞는다.
8. 볼오방 쉘에 볶은 재료를 담는다.
9. 접시에 발사믹 크림을 뿌리고 볼오방, 프리세, 방울토마토 피클, 래디시, 파르메산 칩을 담은 후 허브를 토핑한다.

특이사항

1. 방울토마토 피클은 피클액이 뜨거운 상태에서 절인다.
2. 색채감 있게 담아 낸다.

샬롯

샬롯은 양파의 한 종류로 프랑스를 비롯한 유럽과 인도 등지에서 재배된다. 모양은 양파와 매우 비슷하지만 크기는 양파의 1/4 정도로 작아 '미니양파'라고 불린다. 샬롯은 양파와는 달리 6개월 이상 장기 보관할 수 있는데 이는 양파보다 층이 세밀하고 수분이 적기 때문이다. 샬롯의 품종은 회색 품종, 핑크 품종 등이 있는데 핑크 품종은 모양에 따라 롱(longue, 세미 롱, 라운드로 나뉜다.

샬롯은 양파의 단맛과 마늘의 싸하고 아린 맛을 합한 맛이 나는데 양파보다 단맛이 훨씬 강하기 때문에 양파나 샬롯을 대체해서 사용한다면 이를 충분히 고려해야 한다. 손질법은 양파와 비슷하다. 잎줄기를 잘라낸 후 껍질을 벗기면 되는데 샬롯을 끓는 물에 1분 정도 담근 후 헹궈내면 더욱 쉽게 제거할 수 있다. 샬롯은 한식보다는 양식에서 자주 사용하고 샐러드와 소스 재료로 자주 쓰이는데 샐러드에는 얇게 슬라이스 하고 소스를 만들 때는 잘게 다져서 사용한다.

설탕

설탕은 사탕수수나 사탕무에서 얻은 원당을 정제하여 추출한 결정성 수크로오스(sucrose, saccharose)로, 다양한 종류의 음식에 널리 쓰이는 천연 감미료이다. 그중 우리가 흔히 사용하는 백설탕(흰설탕)은 설탕 제조 과정에서 가장 먼저 만들어지며 입자가 작고 순도가 높으며 하얀색이다. 반짝임이 있으며 냄새가 없고 단맛이 난다. 가장 널리 사용되며 '정백당(精白糖)'이라고도 한다.

황설탕은 제조과정에서 열을 가함으로써 원당의 향이 살아나 백설탕에 비해 특유의 풍미가 있으며, 강한 단맛이 난다. 감칠맛, 원료당의 향을 내는 데 좋다. 흑설탕(Dark brown sugar)은 백설탕에 당밀이나 캐러멜 색소를 섞어 재결정화하여 더욱 색을 짙게 만든 것이다. 흑설탕은 당밀의 영향으로 독특한 단맛, 감칠맛이 나며 백설탕에 비해 공정이 적기 때문에 사탕수수의 영양소를 섭취할 수 있다.

흑당(Black sugar)은 비정제 흑설탕으로 사탕수수즙을 검은색 이 될 때까지 끓이고 식히고 굳혀서 만든 것이다.

Caramelized Onion Soup with Swiss Cheese

스위스 치즈를 곁들인 캐러멜라이즈 양파수프

Ingredients / 재료

양파 1개, 브라운 스톡 300ml, 포트와인 30ml
브랜드 5ml, 그뤼에르 치즈 20g, 파르메산 치즈 5g
무염버터 15g, 바게트 빵 슬라이스 2개
월계수 잎 1장, 이탈리아 파슬리 1잎, 소금, 후추

Method / 조리법

1. 양파를 얇게 에맹세한다.
2. 팬에 버터를 넣고 양파를 볶으면서 수분을 날려 캐러멜라이즈한다.
3. 양파가 캐러멜라이즈가 되면 팬 바닥을 포트와인으로 데글라세 하면서 볶는다.
4. ③에 스톡과 월계수 잎을 넣고 끓인다.
5. ④에 브랜디와 소금과 후추로 간한다.
6. 바게트는 토스트해서 준비한다.
7. 끓인 수프를 수프볼에 담고 토스트한 바게트를 올린 후 그뤼에르 치즈와 파르메산 치즈를 뿌려 브로일링한다.
8. 파슬리를 뿌린다.

특이사항

1. 양파는 얇게 썰어서 볶아야 캐러멜라이즈가 용이하다.
2. 간을 맞출 때는 치즈의 짠맛을 고려하여야 한다.

이탈리안 파슬리

이탈리안 파슬리는 일반(곱슬) 파슬리에 비해 잎이 길고 평평하며 쓴맛이 적다. 구수하며 독특한 향미가 강하여 가니시뿐만 아니라 요리에서 향신료로 사용되며 특히 중동 요리에 꼭 필요한 식재료이다. 이 외에도 그리스, 튀르키예, 이탈리아 등 남유럽 요리에서 많이 사용한다.
이탈리안 파슬리는 구입 후 손질하고 잘게 다져서 냉장 보관하는데 시간이 지날수록 향이 날아가 옅어진다. 오래 두고 사용하려면 냉동 보관하여 필요할 때마다 해동하여 쓰는 것이 좋다. 다만 장식용으로 사용할 때는 색이 변하거나 시들지 않게 키친타월로 싸서 냉장 보관한다.

Lamb Loin with Gremolata and Lamb jus, Eggplant Puree, Garlic Confit, Mint Emulsion

그레몰라타와 팬 그레이비 소스를 곁들인 양 등심구이와 가지 퓌레, 마늘 콩피, 민트 에멀전

가지

보라색 껍질과 부드러운 식감이 특징으로, 수분이 많고 과육은 하얗다. 국내에서는 거의 나물류로 만들며 일본과 서양에서는 다양하게 활용된다.

가지는 표면에 흠이 없고 매끈하며 윤기가 도는 것이 좋으며 색은 검보라색으로 선명하고 광택이 있으며, 손으로 만져보았을 때 물렁물렁하지 않고 단단한 것을 고른다. 꼭지 끝이 싱싱하고 마르지 않아야 하며 꼭지의 주름이 선명한 것이 잘 익은 것이다.

가지의 보라색 껍질에는 안토시아닌 성분이 들어 있다. 이는 활성산소를 제거하고 세포의 손상을 방지하며, 강력한 항산화 효과가 있어 면역력을 높여 질병 저항성을 길러준다. 또한 콜레스테롤 수치를 낮추고 성인병을 예방해 준다.

가지는 저온에 약하므로 실온에 보관하는 것이 가장 좋다. 가지를 건조해서 보관하려면 세척하여 세로로 얇게 썬 후, 햇볕에 널어 말린다. 잘 마른 가지는 나물을 만들거나 차로 끓여 먹는다.

Ingredients / 재료

양 등심 150g, 가지 1/2개, 샬롯 1/4개, 마늘 3개, 애플민트 3잎, 시금치 30g
엑스트라버진 올리브 오일 100ml, 꿀 15g, 레몬 1/4개, 로즈마리 2잎
이탈리아 파슬리 1잎, 레드와인 50ml, 무염버터 30g, 밀가루 5g, 샐러드유 50ml
타임 2잎, 감자 1/2개, 소렐 2잎, 소금, 후추

Method / 조리법

1. 양 등심은 올리브 오일, 소금, 후추, 로즈마리로 마리네이드한다.
2. 가지는 그릴에 구워 껍질을 제거하고 다진다.
3. 샬롯을 다져 팬에 가지와 함께 볶으면서 소금, 후추 간하고 블렌더에 갈아 체에 거른다.
4. 시금치는 잎만 데친 후 민트 잎과 꿀, 올리브 오일을 블렌딩하여 체에 걸러 에멀전을 만든다.
5. 레몬은 제스트하고 로즈마리와 파슬리, 마늘은 다져 그레몰라타를 만든다.
6. 마늘은 올리브 오일에 타임을 넣고 저온 조리한다.
7. 감자는 롱델 커팅하고 저온 프라잉하여 소금 간한다.
8. 양 등심은 팬에 시어링 후 버터와 타임을 넣고 아로제하여 익히고 그레몰라타를 토핑한다.
9. 구운 팬에 레드와인으로 데글라세 후 밀가루를 넣고 농도를 조절한 다음 소금, 후추 간하여 버터를 첨가한다. (경우에 따라 육수나 글라스 드 비앙을 첨가해도 된다)
10. 접시에 그레몰라타를 올린 양 등심을 담고 소스를 뿌린 후, 감자, 가지 퓌레, 마늘 콩피, 민트 에멀전을 보기 좋게 담는다.
11. 허브와 소렐을 토핑한다.

특이사항

1. 소스의 농도와 색에 주의한다.
2. 마늘 콩피는 타지 않게 주의한다.

타임

타임은 유럽에서 티무스(Thymus)라고 부르기도 하는데 이는 그리스어로 소독하다(thuo)에서 유래한 것이다. 그만큼 살균력이 강해서 감기, 기침, 편도염 등에 효과가 있다. 방부력이 있어 보존제로도 사용되었는데 냉장고가 없었을 때 요리에 사용하여 보존성을 높였다. 타임은 우리나라에서는 백리향(百里香)이라고도 불리는데 향기가 백 리까지 퍼진다는 뜻이다. 그 정도로 향이 강하며 장기간 저장해도 손실되지 않는다. 따라서 고기와 생선의 잡내를 제거하는 데 탁월하며 구강 청결제, 입욕제로도 사용된다.

타임은 잎이 길이 5~9mm, 너비 3mm 정도인 긴 타원형이며 가장자리가 안으로 굽은 형태로 잎줄기가 매우 짧다. 열과 추위, 건조에 강하고 병충해가 없지만 습기에는 약하므로 서늘하고 통풍이 잘되는 곳에 보관한다. 타임의 종류에는 가든 타임, 캐러웨이 타임, 스페인 타임, 레몬 타임, 야생 타임 등이 있다.

Chocolate Brownie

초콜릿 브라우니

초콜릿 브라우니 재료

다크 커버추어 초콜릿 330g, 버터 100g, 바닐라 향 소량, 달걀 180g
설탕 210g, 소금 2g, 커피 4g, 박력분 180g, 베이킹파우더 8g
초코 칩 100g, 호두 60g

초콜릿 장식물 재료

카카오 버터 150g, 다크초콜릿 350g

초콜릿 브라우니 만드는 과정

1. 호두를 오븐에 살짝 굽는다.
2. 초콜릿과 버터를 같이 녹여준다.
3. 달걀, 설탕, 소금, 커피를 넣고 거품을 올려준다.
4. 박력분, 베이킹파우더를 체 친 후 섞어준다.
5. 녹여 놓은 초콜릿과 버터를 넣고 섞어준다.
6. 초코 칩, 호두, 바닐라에센스를 넣고 가볍게 섞어준다.
7. 준비된 몰드에 반죽을 채우고 오븐온도 160℃에서 20~25분간 굽는다.

초콜릿 장식물 만드는 과정

1. 전자레인지에 카카오버터를 녹인다.
2. 중탕으로 초콜릿을 녹인다.
3. 카카오버터와 초콜릿을 섞어준다.
4. 중탕하여 온도를 30~33℃로 내린 다음 씌운다.
5. 초콜릿이 굳으면 풍선에 바람을 빼고 자른 다음 사용한다.

초콜릿 브라우니(Chocolate Brownie)

초콜릿 브라우니는 영국의 전통적인 과자이며, 미국에 전해져 더 유명해졌다. 초콜릿 브라우니는 사각 형태로 자른 진한 초콜릿 케이크인데 갈색빛(브라운)으로 구워져 나와 이름 붙여졌으며 브라우니라고 줄여서 부르기도 한다. 초콜릿은 넣지 않고 갈색 설탕을 첨가해 만든 브라우니는 블론디로 부른다. 퍼지 브라우니 또는 케이크 브라우니는 맛의 농도와 견과류, 아이싱, 크림치즈, 초콜릿 칩 등 여러 가지 재료를 사용함에 따라 다양한 형태의 브라우니가 만들어지고 있다. 브라우니는 호텔에서 애프터눈 티, 티타임 행사에 디저트로 생크림이나 바닐라 아이스크림과 함께 내놓기도 한다.

Souffle Cheese Cake
수플레 치즈케이크

수플레 치즈케이크 재료
크림치즈 200g, 버터 20g, 슈거파우더 20g, 소금 1g, 달걀 2개, 생크림 70g, 사워크림 90g
레몬 1개, 전분 20g, 설탕 40g

다이제스트 재료
다이제스트 300g, 버터 50g, 흰자 50g

수플레 치즈케이크 만드는 과정
1. 다이제스트를 밀대로 잘게 으깬다.
2. 으깬 과자에 녹인 버터와 흰자를 넣고 섞어준다.
3. 준비된 몰드 바닥에 과자를 넣고 밀대로 눌러준다.
4. 사워크림, 레몬 주스를 넣고 섞어준다.
5. 전분을 체 친 후 섞어준다.
6. 흰자와 설탕으로 머랭을 만들어 두 번에 나누어 섞어준다.
7. 준비된 몰드에 채우고 중탕하여 오븐온도 160℃에서 25~30분간 굽는다.

다이제스트 만드는 과정
1. 다이제스트를 잘게 으깬다.
2. 으깬 과자에 흰자와 버터를 녹여서 넣고 섞어준다.
3. 준비된 몰드 바닥에 과자를 넣고 눌러준다.

Wine Marriage
(와인 마리아주)
Tip!

Les Hauts de Pontet Canet

레 오 드 퐁테 카네

www.pontet-canet.com
*국가/생산지역: 프랑스 〉 보르도 〉 포이약
*품종: 카베르네 소비뇽, 메를로, 카베르네 프랑
*알코올: 13%

샤토 퐁테 카네는 프랑스 보르도 메독의 포이약(Pauillac) 마을에 위치한 와이너리이다. 18세기 초반 이후 장 프랑소아 퐁테 씨는 카네(Canet)라고 불리는 곳에 포도원을 사들여 자신의 이름과 포도밭 지명을 합쳐서 퐁테 카네라는 이름을 붙였다. 그 후 1975년 샤토 라퐁 로셰(Lafon-Rochet)를 소유하고 있었던 기 테스롱(Guy Tesseron)이 포도원을 매입하여 소유주가 바뀐 다음 많은 투자를 통해 품질이 상당히 개선되었고 에밀 페이노(Emile Peynaud)의 조언 덕분에 현재 뽀이약 스타일을 완벽하게 표현하는 와인을 생산하고 있다.
코냑으로 부와 명성을 얻은 테스롱(Tesseron)가의 사람들은 이 샤토가 포이약의 선두 계열에 설 수 있도록 전통적인 방법을 통해 최선의 노력을 다했으며 현재 이 샤토에서는 장기보관용 와인을 주로 생산한다. 세컨 와인으로 레 오 드 퐁테(Les Hauts de Pontet)가 있으며 세계적 와인 전문가 로버트 파커로부터 극찬을 받았다.
메독의 포이약 지역 와인 중에서도 섬세한 와인으로 꼽히며 짙은 루비 빛깔에 풍부한 꽃 향과 카시스 같은 짙은 과일 향이 나타나며, 오크, 가죽 향이 조화롭게 잘 어우러져 균형 잡힌 바디가 특징이다.
시간이 지날수록 부드러워지고 밸런스가 상당히 좋은 와인이다.

Switzerland,

Swiss Confederation

Zermatt village with view of Matterhorn in the Swiss Alps

'Palace of Nations - seat of the United Nations in Geneva, Switzerland. Flags of all countries.'

스위스

스위스는 놀라운 자연 풍경과 빙하, 산악, 상, 건축물로 유명하다. 관광명소로는 우선 제네바에 있는 UN 유럽 본부로 팔레 데 나시옹(Palais des Nations)이라고도 불리는 이 빌딩 안에 UN인권협회, UN 인권최고대표사무소(UN Office of High Commissioner on Human Rights)가 같이 있다. 34개의 컨퍼런스 룸과 2,800여 개의 사무실이 있으며, 매년 8,000회가 넘는 국가 간 회의가 열리고 이 회의 중 600여 회는 대규모로 열리는 국제협의이기도 하다. 웅장한 프레스코화로 장식된 협의실과 심지어 파리의 오페라 하우스보다 더 큰 규모인 거대한 회의실 등의 구역은 일반인들에게 개방되기에 구경할 수 있다. 이어서 루가노는 휴양지풍의 마을로 스위스 제3의 금융, 콘퍼런스, 은행, 비즈니스 중심지이고 산과 호수, 수많은 행사, 공원과 꽃, 빌라와 종교 건축물로도 유명하다. 더불어 '아무것도 하지 않는 달콤함'을 즐겨볼 수 있다. 한편 스위스는 활동적인 액티비티 기회를 선사한다. 등반, 하이킹, 숲 탐험을 비롯하여 65,000km가 넘는 트레일이 여행자를 기다리고 있다. 또한 자전거 투어나 산악자전거, 로드사이클 인프라가 충분하게 갖추어져 있어서 자전거 마니아의 천국이라 할 만하다. 아웃도어 천국에서 영감을 얻을 만한 모험을 즐겨보자.

생 모리츠

두 번의 겨울 올림픽을 개최한 곳으로 오래전에 발견된 미네랄 온천 덕분에 여름 스파 리조트로도 알려져 있다. 이곳을 방문하는

전 세계 관광객들은 최고 수준의 레스토랑 미식 체험을 포함하여 다양한 종류의 호텔과 국제적인 행사, 그리고 유명 브랜드 쇼핑을 즐길 수 있고 타르트처럼 유명한 로컬 디저트까지 맛볼 수도 있다.

취리히

다음은 호숫가에 있는 취리히로 스위스의 경제와 교육의 중심지이며 대도시와 자연을 함께 즐길 수 있고 작지만 모든 것을 찾아볼 수 있는 부티크 도시다. 다양한 행사와 다채로운 박물관, 독특한 푸드 페스티벌, 밤 문화를 체험할 수 있다. 취리히는 인구 수 대비 미슐랭 스타 레스토랑 수가 유럽에서 가장 높은 도시 중 하나로 소박한 펍에서부터 스트리트 푸드 페스티벌, 팝업 레스토랑 등 모든 미식 체험을 쉽게 할 수 있다.

Small towns in Europe. Fluelen. Switzerlan

민트의 나라들

민트는 페퍼민트, 스피어민트, 베니로열민트, 캣민트, 애플민트, 보울스민트, 오데콜론민트로 구분된다. 빵과 과자에서부터 육류, 리큐어까지 다양하게 사용되고 있다. 원산지는 보통 페퍼민트의 경우 미국, 영국, 프랑스이고, 스피어민트는 미국, 중국, 일본으로 알려져 있다. 청량감이 우수하여 후식으로 많이 사용하며 개운하고 상쾌한 느낌을 준다. 영어인 민트는 박하라는 향신료이고 순우리말로는 '영생이'라고도 한다. 매우 잘 자라기 때문에 누구나 쉽게 키울 수 있고 가격도 저렴한 편이다.

ZÃ¼rich city center with river Limmat, Switzerland

한국관광대학교에서

관광 전문가의 꿈을 실현하세요!

글로벌 프로그램
누적 참여 학생 수
2,322 명
2002~2021년
미국, 일본, 중국 등

해외 취업자 수
2017년 ~ 2020년
88 명

2020년 **17** 명
2019년 **17** 명
2018년 **26** 명
2017년 **28** 명

하와이 교육원 운영
수용인원 : **35**명
(남-15명, 여-20명)
2011 년 개원

2022년
해외유학 프로그램
(미국 및 일본 유학)
46 명

2022년
파란사다리 파견
51 명

전액지원 어학캠프
268 명
2018~2019년
영어, 일본어, 중국어

장학금 지급율
60.1 %
전체 등록금 대비,
2022 대학정보공시
가결산 기준

기숙사 수용 인원
821명
남 : 300명
여 : 521명
수용

대한민국 관광교육의 중심,
한국관광대학교

꿈과 열정을 가진 한국관광대학교의 예비 관광인은
전문적 실무교육, 현장실무 기초교육과정 등의
프로그램을 통해 탄탄한 실력과 기술을 가진
미래의 관광 전문가로 성장합니다.

2022~2024 대학 기본역량진단
일반재정 지원대학 선정

수도권 주요지역
무료 통학버스 운영

경강선 신둔도예촌역(한국관광대)
(판교역에서 **27**분 소요)
무료 셔틀버스 운영

신입생 전원
종합건강검진 전액지원

HISTORY & VISION

글로벌 관광인재로서
세상에 내딛는 첫걸음!

2001-2019

2019 대학 기본역량 진단 평가 '자율개선대학'

교육부 전문대학 혁신지원사업
(Ⅰ유형, 자율협약형 지원사업) 수행

교육부 전문대학 혁신지원사업
(Ⅲ유형, 후진학선도형 지원사업) 수행

전액 지원 해외유학 137명(미국, 일본, 중국)

미국 하와이 주립대학교KCC 공동학위 8명 취득
(2014~2019)

2020학년도 학사학위 전공심화과정
호텔조리학과 신규 인가 취득(30명)

2018 2019~2021(3년간) 대학 기본역량 진단 평가
'자율개선대학' 선정

2019~2021(3년간) 교육부 전문대학 혁신지원사업
(Ⅰ유형, 자율협약형 지원사업) 선정

2019~2021(3년간) 교육부 전문대학 혁신지원사업
(Ⅲ유형, 후진학선도형 지원사업) 선정

2015 2015년 세계로 프로젝트 사업 선정(교육부/노동부)

2012 KCC 대학과의 공동학위제 시행

2011 하와이 교육원 개설
KCC와 학생 교류 협정체결

2007 학사학위 전공심화과정 인가
호텔관광경영과(40명), 제과제빵학과(40명)

2005 중국 남경사범대학과 학생교류 협정 체결

2002 일본 오카야마 상과대학과 학생교류 협정 체결

2001 한국관광호텔전문대학 설립인가
한국관광대학으로 교명 변경

2020

- 대학 기본역량 진단 평가 '자율개선대학'
- 교육부 전문대학 혁신지원사업
(Ⅰ유형, 자율협약형 지원사업) 수행
- 교육부 전문대학 혁신지원사업
(Ⅲ유형, 후진학선도형 지원사업) 수행
- 2019 기관평가인증 교육품질 인증대학 선정
- 전액 지원 해외유학 140명 계획(미국, 일본, 중국)
- 미국 하와이 주립대학교KCC 공동학위 14명 취득
(2014~2020)
- 기숙사 881명 입사 가능
- 장학금 지급율 60.9%
(전체등록금 대비, 2020년 대학정보공시 기준)
- 코로나장학금 1인당 지급액 전국 전문대학교 1위
(1인당 31.9만원)
- 경강선 신둔도예촌역(한국관광대, 판교역에서 27분소요)
무료 셔틀버스 운영

신입생 선발정책 참 인간교육, 실천교육, 전문직업인 인재양성에 부합하는 발전 가능성이 있는 성실한 인재 선발

건학이념 실사구시의 정신을 바탕으로 한국관광산업 발전에 기여할 수 있는 유능하고 성실한 인재를 육성하여 나라의 부강에 이바지한다.

교 훈	창의 · 근면 · 봉사
사 명	관광산업의 창의 진문인 양성
비 전	관광 융합 글로컬 대학교

교육목표 참 인간교육 ▶ 실천교육 ▶ 전문직업인 양성교육

인 재 상 창의융합 인재 ··· 글로벌 맞춤인재 ··· 직업중심 고부가 인재

핵심역량 體 · 仁 · 智 [CHANGE] 체험에서 느끼는 지혜의 탄생

C	H	A	N	G	E
창 의 Creativity	융 합 Hybrid	다재다능 Ambidexterity	협 업 Networking	글로벌 Globality	전문성 Expertise

2021

- 대학 기본역량 진단 평가 '자율개선대학'
- 교육부 전문대학 혁신지원사업 (Ⅰ유형, 자율협약형 지원사업) 수행
- 교육부 전문대학 혁신지원사업 (Ⅲ유형, 후진학선도형 지원사업) 수행
- 미국 하와이 주립대학교KCC 공동학위 15명 취득 (2014~2021)
- 장학금 지급율 63.5% (전체등록금 대비, 2021년 대학정보공시 기준)

2022

- 2022~2024(3년간) 대학 기본역량 진단 평가 '일반재정 지원 대학' 선정
- 전액 지원 해외유학 46명 계획(미국, 일본)
- 대학 기본역량 진단 평가 '일반재정 지원 대학'
- 기숙사 821명 입사 가능
- 장학금 지급율 60.1% (전체등록금 대비, 2022년 대학정보공시 가결산 기준)
- 경강선 신둔도예촌역(한국관광대, 판교역에서 27분 소요) 무료 통학 및 셔틀버스 운영

Chapter 3_한국관광대학교 참여교수

호텔조리과
민경천 교수 (메인요리)

호텔제과제빵과
오동환 교수 (식전빵)

호텔제과제빵과
이재진 교수 (디저트)

호텔조리과
주향란 교수 (식재료, 영양)

호텔조리과
이은경 교수 (식재료)

외식경영과
김준원 교수 (와인)

관광경영학과
이 황 교수 (관광지)

The story of a

Patissier&Chef

CHAPTER 03

Beef Carpaccio with Foie Gras and Cresson, Mustard Dressing

Spinach Lentil Cream Soup with Truffle Flavor

Pan Fried Salmon with Vin Blanc Sauce, Saffron Risotto and Glazed Shallot

통밀 소프트 식빵

Ingredients / 재료

강력분 900g, 물 520g, 이스트 30g
개량제 10g, 소금 20g, 설탕 100g, 분유 30g
달걀 80g, 버터 150g, 통밀 100g

Method / 조리법

1. 버터를 제외한 모든 재료를 넣고 믹싱한다. 클린업 단계에서 버터를 넣고 믹싱한다.
2. 1차 발효 : 50~60분
3. 분할 : 160g씩 분할하여 둥글리기를 하여 놓는다.
4. 중간발효 : 10~15분
5. 성형 : 밀대를 이용하여 길게 밀어준 후 통밀가루를 묻혀서 2개를 1팬에 넣어준다.
6. 패닝 : 반죽 2개가 1개의 틀에 넣는다.
7. 2차 발효 : 50~60분
8. 굽기 : 180℃ / 190℃에서 18~20분 굽는다.

식빵

식빵은 영국에서 만들어낸 빵이다. 대영제국 시절, 영국은 수많은 식민지에서 밀을 쉽게 구할 수 있었고 이를 오래 보존하기 위해 달걀, 유지류와 같은 부재료를 넣고 빵을 만들었는데 이것이 바로 식빵이다. 이 빵이 미국에 도입되어 대량생산에 알맞은 형태로 개량되어 지금의 형태가 되었고 전 세계에서 주식으로 먹고 있다.

식빵은 부드럽고 고소한 맛으로 다소 밋밋하다고 생각할 수도 있지만 그 위에 버터나 잼을 발라 먹기도 하고 햄, 계란, 채소, 과일 등 어떤 재료를 얹어 먹어도 잘 어울린다. 식빵을 팬에 구워서 토스트로, 튀겨서 러스크, 멘보샤 등으로 다양하게 즐길 수 있다. 마치 우리나라의 밥처럼 다양한 요리의 밑바탕이 된다.

식빵의 종류는 모양에 따라 벽돌처럼 네모난 풀먼 식빵, 위쪽이 봉긋한 오픈 탑 식빵, 하나의 덩어리인 원 로프 식빵, 방추형이고 밑이 납작한 쿠퍼빵, 둥글게 구워낸 번스, 겉이 딱딱한 프랑스빵(바게트) 등으로 나눈다.

이들은 단순히 모양만 다른 게 아니라 식감이나 생지의 결 등에서도 차이가 난다. 재료에 따라서는 100% 전밀가루로 만든 전밀빵, 호밀빵, 옥수수 · 쌀 · 보리 등 기타 곡물식빵 등이 있다.

한국산업규격에서는 식빵을 10종류로 분류하여 재료와 함유율을 표준화하였다. 구체적으로는 식빵, 곡류 식빵, 우유 및 유제품 식빵, 난류 식빵, 과실류 식빵, 서류 식빵, 두류 식빵, 채소 식빵, 견과 식빵, 혼합 식빵이 있다.

한국산업공단에서 시행하는 제빵기능사 실기 품목에 포함되는 식빵에는 식빵(비상스트레이트법), 밤식빵, 우유식빵, 풀먼 식빵, 버터톱식빵, 옥수수식빵이 있다.

2010년대 후반에 식빵만 전문으로 구워서 판매하는 식빵전문점이 전국적으로 크게 유행하였다. 식빵이 나오는 시간이 되면 가게 앞에는 사람들이 갓 구운 따뜻한 식빵을 사기 위해 줄을 서서 기다렸다.

식빵전문점은 기본 식빵 이외에도 제빵사의 아이디어에 따라서 여러 재료를 배합한 다양한 식빵을 판매한다.

바질토마토식빵, 먹물치즈식빵, 앙버터식빵, 오렌지얼그레이식빵 등 맛은 물론 개성이 있는 식빵이 인기이다.

Beef Carpaccio with Foie Gras and Cresson, Mustard Dressing

겨자 드레싱을 곁들인 소고기 카르파치오와 구운 푸아그라

Ingredients / 재료

소 안심 50g, 푸아그라 25g, 파르메산 치즈 10g
마늘 1/2개, 크레송 10g, 브랜디 5ml
브리오슈 식빵 슬라이스 1/2장
디종 머스터드 5g, 셰리와인 비니거 15ml
엑스트라버진 올리브 오일 45ml
꿀 5g, 발사믹크림 10g
소금, 후추

Method / 조리법

1. 소 안심은 팬에 시어링 후 머스터드를 바르고 냉동한다.
2. 푸아그라는 브랜디와 소금, 후추, 타임으로 마리네이드 한다.
3. 브리오슈 식빵은 원형으로 잘라 버터를 바른 후 굽는다.
4. 양파, 마늘, 차이브는 찹한다.
5. 올리브 오일, 셰리와인 비니거, 디종 머스터드, 양파찹, 마늘찹, 차이브 찹, 꿀을 섞고 소금, 후추 간한다.
6. 팬에 푸아그라를 시어링하고 브랜디로 플람베 한다.
7. 양념한 소 안심은 얇게 슬라이스하여 접시에 담는다.
8. ⑦에 머스터드 드레싱을 뿌리고 토스트한 브리오슈, 푸아그라를 올린 후 발사믹 크림을 뿌린다.
9. ⑧에 크레송을 올리고 파르메산 치즈를 슈레드하여 토핑한다.

차이브

백합목 백합과의 여러해살이풀로 허브의 한 종류이다. 원산지는 시베리아, 유럽 등 북반구 지역이지만 전 세계에서 재배할 수 있다. 파의 일종으로 파종 초기에는 대파와 아주 흡사하며 다 자란 차이브는 잎의 길이가 25~30cm 정도 되며 쪽파와 비슷하게 생겼다.

5월이 되면 동그란 자주색 꽃이 피며 매년 새잎이 나오면 그대로 잘라서 이용할 수 있다. 원산지가 북반구라서 그런지 추위에 강하며 실제로 알프스에서는 해발 2,500m까지 자생하는 모습을 볼 수 있다. 차이브는 '향부추'라고 불릴 정도로 향이 진하며 이는 톡 쏘는 맛과 함께 식욕을 돋운다. 이 톡 쏘는 맛은 차이브에 함유된 알리신 때문인데 그 맛을 줄이려면 물에 담그거나 가열하면 된다.

차이브는 철분이 풍부하여 빈혈에 효과가 있으며 피를 맑게 한다. 조리에서는 향신료로 사용되는데 드레싱이나 소스를 만들 때 주로 사용한다.

특이사항

1. 머스터드 드레싱은 서빙 직전 한 번 더 유화시킨 후 뿌린다.
2. 빠르게 담은 후 서빙하여야 차가운 상태의 카르파치오를 유지할 수 있다.

머스터드 소스

서양 겨자의 열매나 씨를 주재료로 만든 걸쭉한 노란색 소스이다. 겨자 특유의 톡 쏘는 맛 덕분에 음식의 느끼함을 덜어주는 효과가 있다. 주로 햄, 소시지 등 찬 육류와 곁들여 먹는다. 최근에는 머스터드 소스에 꿀을 더한 허니 머스터드 소스가 인기를 끌고 있다.

Spinach Lentil Cream Soup with Truffle Flavor
송로버섯 향의 시금치 렌틸 크림수프

Ingredients / 재료

그린 렌틸 50g, 양파 15g, 셀러리 10g, 대파 흰 부분 5g
감자 1/4개, 당근 20g, 치킨스톡 200ml, 가람 마살라 0.1g
이탈리아 파슬리 1잎, 생크림 20ml, 트러플 슬라이스 1개
샐러드유 15ml, 엑스트라버진 올리브 오일 10ml, 소금, 후추

Method / 조리법

1. 렌틸은 물에 불려놓는다.
2. 양파, 마늘, 대파는 다지고 당근, 셀러리, 감자는 브뤼누아즈 커팅한다.
3. ②의 당근, 감자 일부와 렌틸은 치킨스톡에 익혀 올리브 오일과 소금, 후추로 간하여 준비한다.
4. ②의 마늘과 대파를 볶은 후 양파, 당근, 셀러리, 감자를 볶는다.
5. ④에 렌틸을 넣고 볶다가 치킨육수를 넣고 푹 끓인다.
6. ⑤가 완성되면 블렌더에 갈아 체에 거른다.
7. ⑥을 끓여 생크림을 넣고 가람 마살라와 소금, 후추로 간한다.
8. 접시에 포치한 채소와 렌틸을 담고 파슬리 1잎과 트러플 슬라이스를 담는다.
9. 서빙 후 완성된 ⑦의 수프를 부어준다.

감자

감자는 가지과에 속하는 여러해살이풀로 칠레가 원산지이지만 온대, 한대에서 널리 재배된다. 대표적인 구황작물이자 쌀, 밀, 옥수수와 함께 4대 식량작물이다. 감자는 재배기술의 발달로 사계절 내내 식탁에 올라오지만 6월부터 10월까지가 제철이라 이 시기에 특히 영양도 풍부하고 맛도 좋다. 하지만 고온 다습한 환경이라면 병해에 취약해져 고구마를 대체작물로 사용하기도 한다. 감자는 다양하게 조리해서 먹을 수 있는데 우리나라에서는 감자를 삶아서 먹거나 밑반찬용으로 볶거나 조려 먹기도 하며 전으로도 부쳐 먹는다. 강원도에서는 감자로 새알만 한 크기로 동글동글하게 만들어 '옹심이'를 해 먹는다. 서양에서는 감자를 으깨 샐러드와 수프로, 구워서 스테이크의 곁들임 음식으로, 감자튀김 등으로 만들어 먹는다.

감자는 보관에 유의해야 하는 작물이다. 첫 번째 이유는 수분이 많으므로 환경에 따라서 쉽게 얼거나 썩기 때문이다.

두 번째 이유는 감자에 싹이 나면 솔라닌이라는 독성이 생기므로 그 부분을 꼭 깊이 도려내고 사용해야 한다.

따라서 감자는 필요한 양만큼 구입하여 바람이 잘 통하는 곳에 신문지나 상자에 넣어 보관하는 것이 좋다. 집에서 상온에 보관할 경우에는 일주일 안에 먹는 것이 좋다.

당근

당근은 주홍색 원뿔 모양이며 특유의 향이 있다. 우리나라에서는 강원도 평창, 경상남도 밀양, 김해, 제주시 구좌읍에서 주로 생산되는데 계절에 따라 주 생산지가 달라진다. 적정한 환경에서는 6~8개월까지 품질이 유지될 정도로 저장성이 뛰어나고 1년 내내 언제나 쉽게 구할 수 있다. 하지만 수분에는 취약하므로 보관에 유의해야 한다.

당근에는 베타카로틴 성분이 풍부해서 항산화 효과가 있고 면역력을 증진하며 각종 질환 예방에도 도움을 준다. 베타카로틴이 체내에 흡수되면 비타민 A로 전환되는데 비타민 A는 당근에 함유된 루테인, 리코펜 성분과 함께 눈 건강에 좋고 고혈압과 동맥경화를 예방한다. 비타민 A가 지용성 비타민이므로 기름에 볶아 섭취하면 비타민이 잘 흡수된다. 당근은 식이섬유소가 풍부하지만 다른 채소에 비해 칼로리가 높은 편이다.

당근은 씻어서 생으로도 먹지만 다양한 요리에 사용되는데 당근 수프, 당근 샐러드, 당근 볶음, 당근 케이크, 당근 주스 등이 있다. 요즘에는 '키토김밥'이라고 '저탄고지(저탄수화물, 고지방)'인 채식 김밥의 주요 재료로 사용한다.

좋은 당근을 고르기 위해서는 세 가지를 살펴야 한다. 바로 색깔과 모양, 단단한 정도이다. 색깔은 주황색이 선명하고 진할수록 영양소가 풍부하다. 모양은 표면이 매끈할수록 단맛이 강하다. 반대로 당근에 검은 테두리가 있거나 머리 쪽에 푸른빛이 도는 것, 만졌을 때 물렁물렁한 것은 오래된 것이므로 피한다.

Pan Fried Salmon with Vin Blanc Sauce, Saffron Risotto and Glazed Shallot

뱅블랑 소스를 곁들인 구운 연어와 사프란 리소토, 샬롯 그레이즈

Ingredients / **재료**

연어(껍질 포함) 150g, 화이트와인 50ml, 생크림 30ml
생선스톡 50ml, 샬롯 2개, 무염버터 30g, 쌀 50g
치킨스톡 100ml, 양파 30g, 마늘 10g, 샤프란 0.1g
파르메산 치즈 3g, 발사믹 식초 100ml
엑스트라버진 올리브 오일 30ml, 레몬 주스 10ml, 청경채 1/2개
가지 10g, 청피망 10g, 홍피망 10g, 토마토 1/4개
애호박 15g, 토마토 페이스트 5g, 타임 1잎
소금, 후추

Method / **조리법**

1. 연어는 껍질에 칼집을 넣어 레몬 주스와 올리브 오일, 소금, 후추, 딜로 마리네이드한다.
2. 샬롯은 약불에서 발사믹크림에 글레이즈한다.
3. 양파, 마늘은 다져 팬에 볶고, 쌀을 넣어 화이트와인과 치킨스톡을 넣어가며 볶는다.
4. ③에 사프란을 넣어 색을 내고 소금과 후추, 파르메산 치즈로 간한다.
5. 팬에 연어를 시어링하고 마늘, 버터와 타임을 넣어 아로제(Arroser)하여 굽는다.
6. 양파, 가지, 피망, 애호박, 토마토(껍질 제거)는 브뤼누아즈 커팅하여 팬에 볶으면서 토마토 페이스트를 넣어 볶아 소금, 후추 간하여 라타툴리를 완성한다.
7. ⑥에 소금과 후추로 간한다.
8. 청경채는 데친 후 약한 불에서 버터와 볶는다.
9. **뱅블랑 소스**
   1) 샬롯을 다진다.
   2) 팬에 버터를 넣고 샬롯을 볶은 후 화이트와인을 넣어 졸이고, 생선스톡을 넣고 끓여 졸인다.
   3) 2)에 생크림을 넣고 농도를 조절하고 소금과 후추로 간하고 버터를 넣어 마무리한다.
10. 접시에 청경채를 담고 구운 연어, 소스, 리소토, 라타툴리, 글레이즈 샬롯을 곁들인다.
11. 딜을 토핑한다.

특이사항

1. 샬롯은 타지 않게 글레이즈한다.
2. 연어의 껍질은 크리스피하게 구워져야 한다.
3. 소스의 농도에 주의한다.

Egg Tart

에그 타르트

타르트 껍질 재료

박력 375g, 물 125g, 소금 2g, 버터 250g
설탕 15g

에그 타르트 필링 재료

노른자 8개, 설탕 120g, 바닐라 빈 1개
우유 240ml, 생크림 240ml, 소금 1g

타르트 껍질 만드는 과정

1. 테이블 위에 박력분을 체 친다.
2. 버터를 넣고 스크레퍼로 버터를 잘게 자르며 피복시킨다.
3. 찬물에 설탕, 소금을 넣고 저어서 녹인 다음 부어준다.
4. 한 덩이리가 되도록 뭉쳐서 납작하게 하여 비닐에 싸서 냉장고에 넣고 휴지시킨다.
5. 반죽을 꺼내어 밀어서 3절 접기를 하여 냉동고에서 휴지시킨다.
6. 반죽을 3~4mm 밀어서 몰드로 찍어 몰드에 넣고 형태를 만든다.
7. 필링을 90% 채워서 180℃에서 30~35분간 굽는다.

에그 타르트 필링 만드는 과정

1. 노른자에 설탕 소금을 넣고 천천히 섞어준다.
2. 우유, 생크림에 바닐라 빈을 넣고 뜨겁게 데운다.
3. 데운 우유에 생크림을 부어주면서 저어준다. 덩어리지지 않도록 한다.
4. 다시 불 위에 올려서 걸쭉해질 때까지 저어준다.
5. 짤주머니에 반죽을 담아서 준비된 몰드에 짜 준다.

에그 타르트

홍콩이나 마카오, 일본 등에 여행가면 많이 먹는 에그 타르트는 노른자, 생크림 등을 섞어 만든 커스터드 크림으로 속을 채운 파이로 포르투갈에서 기원한 디저트다. 에그 타르트는 크게 포루투갈식(마카오식)과 홍콩식으로 구분되는데 포르투갈식 에그 타르트는 페이스트리 반죽을 사용하여 식감이 바삭하며 홍콩식 에그 타르트는 타르트 반죽을 이용하기 때문에 바깥부분이 비스킷과 같이 딱딱하다. 또한 속을 채운 커스터드 크림의 경우, 포르투갈과 다르게 모든 재료를 한꺼번에 섞어 오븐에 넣고 맛을 내며, 속은 부드럽고 촉촉한 질감에 표면은 반죽의 가장자리가 갈색으로 될 때까지 굽는다.

디저트의 기원

달콤한 디저트는 인류의 시작과 함께 더불어 발전해 왔다. 세계 각 나라에서 다양한 풍미로 사람들의 입 안을 즐겁게 해주는 디저트는 초기에는 특권층만이 향유할 수 있었으며, 평범한 사람들은 중요한 행사가 있을 때나 특별한 경우에만 즐길 수 있는 음식이었다.

고대에는 사람들이 구할 수 있는 음식 자체가 많지 않았기 때문에 자연에서 우연히 나오는 과일이나 견과류를 이용하여 만든 것을 디저트로 제공하였다.

일반적으로 중세 시대에 설탕이 대량으로 생산된 이후부터 캔디가 본격적으로 만들어져 사람들이 먹기 시작했으며, 이 외에도 사람들의 입을 즐겁게 하는 많은 디저트들이 속속 생겨나기 시작했다.

설탕 생산의 발전과 동시에 디저트 문화는 급속도로 발전하게 되었다. 디저트는 달콤한 풍미를 남겨 식후 입 안의 뒷맛을 없애는 효과를 내는 것이 그 기원이라고 할 수 있는데, 현재 수천 가지에 달하는 다양한 디저트 중 아이스크림, 케이크, 파이류 등은 사람들에게 가장 많은 사랑을 받고 있다.

슈 페이스트리, 크렘 푸에테 등과 같은 것은 아니었으나 고대시대부터 달콤한 것을 먹고 있었으며, 이 중 가장 평범한 것은 오일과 꿀로 요리한 밀가루 갈레트(galette)다.

이 토속적인 과자류는 대규모 통과의례에 사용되었는데 기쁘게도 인류는 바로 가토(Gateau)를 좋아하게 된다.

당시 파티스리(pâtisserie) 발전을 이미 느끼고 있던 플리니우스가 남긴 오래된 기록이 있는데, 그는 파티스리에 대해 "달걀, 우유 그리고 버터와 함께"라고 묘사한 바 있다.

Wine Marriage (와인 마리아주) **Tip!**

Bründlmayer Vincent Spiegel Grüner Veltliner

브륀들마이어 빈센츠 스피겔 그뤼너 벨트리너

https://www.bruendlmayer.at
*국가/생산지역: 오스트리아 〉 캄프탈 〉 랑겐로이스
*품종: 그뤼너 벨트리너
*알코올: 13.5%

오스트리아 수도 빈에서 북서쪽으로 70km 떨어진 캄프탈(Kamptal) 랑겐로이스(Langenlois)에 위치한 브륀들마이어 와이너리는 지난 100여 년간 대를 이어 와인을 생산하고 있으며, 80헥타르의 포도밭은 대부분 배수가 잘되는 돌이 많은 토양에 계단식으로 조성되어 최고 품질의 와인 생산에 유리하다.

10월 말에서 11월 초에 늦게 수확하지만 와이너리의 고도, 노출과 바람은 포도의 선선도와 구조감, 탄탄한 밀도에 영향을 준다.

브륀들마이어는 '올해의 와이너리' 상을 5회 연속 수상하기도 했고, 캄프탈 지역을 넘어 오스트리아 전역 와인 생산자들에게 오스트리아 와인 산업의 중요한 모델로 자리 잡고 있다. 또 지속 가능한 가공과 수확량 감소는 오래된 포도나무에게 최고의 와인을 생산하는 전제조건을 갖추고 있어 이에 영국 파이낸셜 타임스는 브륀들마이어를 '오스트리아 와인의 등대'라고 표현하기도 했다.

이 와인은 빌리 브륀들마이어의 아들인 빈센트가 만든 와인으로, 스피겔은 부르고뉴로 치면 프리미에 크뤼 포도밭이다. 다양한 노란색 과실, 후추, 약간의 버섯, 미네랄을 느낄 수 있고 잔을 흔들어 오크 향을 보내고 나면 잘 익은 사과, 말린 레몬 향이 섬세하게 느껴진다.

맛을 보면 시원하고 뚜렷한 라임 등의 시트러스, 허브, 꽃 풍미를 느낄 수 있다. 아주 좋은 골격과 깔끔한 여운을 지녔다.

오크 배럴과 스테인리스 스틸 통에서 발효하여 코에서는 오크 향과 더불어 갓 피어난 꽃, 잘 익은 복숭아, 아스파라거스 향이 느껴지며, 미디엄-풀 바디감으로 입에선 레몬 및 약간의 짭조름한 미네랄 풍미가 확실하게 느껴진다.

튀지 않는 산도는 마시기 편안하며, 대부분의 음식에 마리아주 할 수 있어 와인리스트에서 빼놓을 수 없는 Food Friendly한 와인이다.

베네치아

카프파치오는 이탈리아 대표요리로 얇은 소고기에 레몬 주스, 우스터소스, 마요네즈로 만든 소스를 뿌려서 먹는다. 오늘날에는 소고기를 대신하여 연어, 문어, 양고기, 참치, 그리고 조개관자 등 다양한 재료를 사용한다. 카프파치오가 유래한 지역이자 탄생 지역인 이탈리아를 살펴보자. 한국인은 90일 무비자를 즐길 수 있고 여행 추천 기간은 9~11월로 신선한 바람이 불기 시작하며 낮의 길이도 적당하다. 이 기간에는 한 달에 5일 정도를 빼면 대부분 화창하다.

가볼 만한 곳은 우선 산 마르코 대성당으로 가장 시선을 사로잡는 성당이며 흥미로운 조각과 함께 관광 랜드마크이다.

튀르키예나 이집트의 건축과 로마 지중해 건축이 조화를 이루고 있으며 입구에는 청동말 콰드리카 4마리가 성당을 지키고 있다. 이 청동 말은 전쟁 시마다 힘을 상징하는 전리품으로서 승자의 나라에 계속 옮겨졌다. 트립어드바이저에서도 단연 평점 1위를 차지하고 있다. 다음으로는 대성당 근처에 두칼레 궁전인데 베네치아에서 가장 베네치아다운 건축물로 알려져 있다. 이곳에서 베네치아의 입법, 행정, 정치가 모두 이루어졌던 청사이다.

리알토다리는 3위를 차지했으며 체류 시간이 1시간 이내로 오래 머물 곳은 아니지만, 베네치아 대운하를 건널 수 있었던 유일한 다리로 알려져 있으며 보행자 전용 다리이다. 역사 유적 중에 페기 구겐하임 컬렉션이 있는데 여기는 세계 최고 수준의 현대미술관으로 정원 산책과 더불어 대운하를 보면서 미술 감상을 할 수 있다. 그 밖에 베네치아에서 가장 높은 전망대이자 종탑인 99m짜리 산 마르코 종탑이 있다.

참고로 세계 최초의 카지노인 카지노 디 베네치아가 있다.

View of Venice lagoon and Santa Maria della Salute church. Venice, Italy

The Roman Colosseum(Coloseum) in Rome, Italy wide panoramic view

페리고르와 피에몬테

송로버섯은 워낙 고가이다 보니 채취과정에서 여러 사건 사고도 발생한다. 프랑스와 이탈리아에서 인기가 많고 그 지역 사람들이 좋아한다. 프랑스 3대 진미에 푸아그라, 달팽이와 함께 트러플이 포함된다. 프랑스 페리고르산 흑색 트러플(Tuber Melanosporum)과 이탈리아 피에몬테 지방의 흰색 트러플(Tuber Magnatum)을 최고로 치며, 흰색 트러플이 검은색 트러플에 비해 서너 배 비싸다. 이탈리아는 로마, 베네치아, 밀라노, 피사, 피렌체, 나폴리 등 유명한 많은 관광도시를 포함한다. 피에몬테는 이탈리아 북부에 위치하며 알프스 산맥과 아펜니노 산맥에 둘러싸여 있어서 휴양지와 관광지가 많다.

페르시아

사프란은 세계에서 가장 비싼 향신료로 노란색 색소를 응용하여 빵, 쌀 요리, 소스나 수프에 이용한다. 유럽 남부와 아시아 서북부가 주산지이며 보통은 이란을 대표 생산 국가로 본다. 이란은 인구 8,600만의 대국으로 경제 성장 가능성이 높다고 알려져 있다. 더불어 시아파의 종주국으로 세계에서 가장 오래된 문명의 발생지이다. 과거에는 페르시아로 불렸던 나라로서 다민족 국가이며 국토 대부분이 해발고도가 높아 향후 지구 온난화로 인한 피해가 거의 없는 드문 나라 중 하나이다. 국토의 60%가량이 불모지이고, 농업지역 면적은 강수량 부족과 물 부족 등으로 전 국토의 4.44%에 지나지 않는다. 한편 페르세폴리스와 파사르가대, 야즈드 역사 도시, 이스파한의 이맘광장 등 유네스코 세계문화유산으로 등재된 관광지를 자랑하고 있으며, 조로아스터교, 기독교, 유대교 등의 종교 관련 유적지가 이란 전역에 분포해 있다.

Chapter 4_한국관광대학교 참여교수

호텔조리과
김창현 교수 (메인요리)

호텔제과제빵과
오동환 교수 (식전빵)

호텔제과제빵과
이재진 교수 (디저트)

호텔조리과
주향란 교수 (식재료, 영양)

호텔조리과
이은경 교수 (식재료)

외식경영과
김준원 교수 (와인)

관광경영학과
이 황 교수 (관광지)

The story of a

Patissier&Chef

CHAPTER 04

Whole seafood dish with beet sauce

Sweet pumpkin cream soup

Grilled duckbreast with Bigarde sauce

통밀 바게트

Ingredients / 재료

강력분 900g, 물 25g, 이스트 10g
개량제 10, 소금 20g, 맥아 4g, 물 700g
통밀 100g

Method / 조리법

1. 모든 재료를 넣고 90%까지 믹싱한다.
2. 1차 발효 : 30분에서 펀치 후 20~30분 발효한다.
3. 분할 : 150g씩 분할하여 접어서 준비한다.
4. 중간발효 : 10~15분
5. 성형 : 25~28cm 접어서 밀어 펴준다.
6. 패닝 : 편포를 이용해서 바게트를 발효한다.
7. 2차 발효 : 50분
8. 굽기 : 230℃ / 220℃에서 15분 스팀 분사한 후 210℃ / 210℃에서10~15분(1~2개 모양이 되도록 칼집 내기) 굽는다.

버터

버터는 우유의 지방을 분리하여 만든 크림을 세게 휘저어 엉기게 한 후, 이를 응고시켜 만든 유제품이다. 젖소가 무엇을 먹었느냐에 따라서 버터의 색이 달라지는데 보통은 흰색에 가까운 크림색에서 황금빛 노란색을 띤다. 기원전 중동과 아프리카에서 인류가 가축을 키우기 시작할 무렵부터 버터가 등장했다고 한다. 지역에 따라서 젖소 이외에도 물소, 낙타, 염소, 야크, 양, 말 당나귀와 같은 동물의 젖으로도 버터를 만들어 왔다. 버터는 비타민 A와 비타민 D가 풍부하며 어린이의 두뇌 형성에 도움을 주지만, 콜레스테롤의 함량이 높아 섭취에 주의를 요한다. 버터는 서양요리의 전반에 기본 재료로서 쓰이는데, 맛과 풍미가 좋아 제빵에서는 없어서는 안 되는 필수 재료이다.

통밀 바게트

바게트는 프랑스어로 '막대기'라는 뜻으로, 기다랗고 딱딱한 모양에서 유래하였다. 이는 바게트를 구울 때 스팀을 분사하여 겉을 딱딱하게 만든 것이다. 절반 크기인 바게트는 반비 바게트라고 한다.
통밀바게트는 바게트와 더불어 가장 일반적인 빵인데 통밀로 만들어 건강을 추구하는 사람들이 선호한다. 빵의 중량은 150g이 정량이고 길이는 20~25cm이다.

통밀

가루로 빻거나 쓿지 않은 통째 그대로의 밀로, 겉껍질만 벗겨낸 통곡물류이다. 따라서 정미한 밀보다 알갱이가 크고 연한 갈색을 띠며 고유의 독특한 풍미가 있다. 식감은 거칠거칠하고 딱딱하여 저작기능을 증진한다.
통밀은 정미하지 않았으므로 영양소도 그대로 가지고 있는데 철분, 마그네슘, 섬유소, 비타민 B, 비타민 E, 폴리페놀과 플라보노이드를 함유하고 있다. 식이섬유가 풍부하여 비만, 심장병, 뇌졸중, 대장암의 위험을 낮추며 변비를 예방한다. 체중 감량에 도움이 되므로 건강 · 다이어트 식품으로 많이 이용되는 추세이다.
특히 당 지수가 낮아 당뇨 환자들이 대체식으로 섭취하기 좋으며 혈중 콜레스테롤을 낮추어 동맥경화와 고콜레스테롤혈증의 위험을 줄여준다. 1회 약 30g씩 하루 세 번 통곡물을 섭취하면 심장병과 당뇨병의 예방에 도움이 된다.
제과 · 제빵에서는 비스킷이나 쿠키, 빵의 주재료로 자주 쓰인다. 밀가루처럼 활용할 수 있지만 제빵성은 밀가루보다 약하다. 가정에서는 밥으로 지어 먹기도 하고 통밀가루를 우유에 타서 섭취하여 한 끼 식사를 해결할 수 있으며 통밀을 볶아서 차로 우려먹기도 한다.
건강을 중시하는 사람들이 많아짐에 따라 통밀로 만든 빵, 파스타, 칼국수, 도넛, 시리얼과 같은 제품이 개발되고 있으나 아직까지는 상품의 종류가 다양하지 않고 품질 역시 낮은 실정이다.

Whole seafood dish with beet sauce

비트 소스를 곁들인 해산물 전채요리

Ingredients / 재료

차새우 2마리, 한련화 잎 2잎, 레드소렐 1g, 프리세 3g, 베고니아꽃 1송이
김부각 10g, 당근 10g, 사과 20g, 훈제연어 20g, 홀블랙페퍼 3알
셀러리 10g, 딜 2g, 레몬 20g, 월계수잎 1잎, 설탕 10g, 양파 20g
생크림 10ml, 마이크로 방울토마토 30g, 매실원액 100ml
발사믹크림 10ml, 홀스레디시크림 10g, 피클링스파이스 3g, 식초 30ml
비트 30g

Method / 조리법

1. 새우를 손질하여 쿠르부용에 삶아 껍질을 벗겨 준비한다.
2. 훈제 연어는 한입 크기로 잘라 딜을 묻혀 준다.
3. 사과는 한입 크기로 잘라 피클링 스파이스, 식초, 물, 설탕을 이용하여 피클 주스를 만들고 피클을 담아 준다.
4. 마이크로 방울토마토는 뜨거운 물에 데쳐 껍질을 벗기고 매실원액에 담가 마리네이드 한다.
5. 각종 채소는 한입 크기로 손질하여 차가운 물에 살려 준다.
6. 생크림은 휘핑하여 레몬즙과 홀스레디시 크림으로 맛을 낸다.
7. 비트와 양파, 식초, 설탕을 이용하여 비트 소스를 만들어 믹시기에 곱게 갈아 체에 내려 준비한다.
8. 에피타이저 접시에 새우와 훈제연어로 중심을 잡아 놓고 피클, 방울토마토, 각종 채소를 예쁘게 배열하여 플레이팅한다.
9. 마지막에 식용꽃을 이용하여 예쁘게 장식하여 마무리한다.

특이사항

1. 비트 소스의 농도 조절에 유의한다.

방울토마토

일반 토마토에 비해 당도가 높고 새콤달콤하며 크기가 작은 방울토마토는 그 모양이 방울 같다 하여 체리토마토, 대추방울토마토, 베이비 토마토라고도 부르며 색깔이 다양해 무지개 토마토로도 불린다. 요즘은 다양한 종류의 신품종이 개량되어 젤리마토라는 껍질이 얇고 쫀득한 식감의 방울토마토 등이 있고 일반전인 토마토 크기와 방울토마토 크기의 중간 정도인 검은 보라계열의 별마토, 단맛과 짠맛을 모두 가진 토마주르 등등의 품종도 식용되고 있다.

방울토마토는 푸른빛이 돌고 특유의 비린내가 나는 미숙과는 피하고, 품종 자체가 지닌 색이 선명하고 탄력이 있으면서 속이 꽉 차고 단단하며 너무 크지 않고 균일한 것이 좋다. 60~70% 정도 익은 것을 수확하여 유통과정 중에 후숙을 거친다. 꼭지가 싱싱하게 잘 붙어있는 방울토마토를 선택하고, 보관 시에는 꼭지를 제거하고 보관해야 쉽게 물러지지 않는다. 통풍이 잘되고 서늘한 곳이라면 상온 2~3일 정도는 보관할 수 있다. 세균이 모이기 쉬운 꼭지 부분은 꼼꼼히 씻어야 하며 수분 때문에 쉽게 물러지므로 사용하기 직전에 세척하는 것이 좋다.

비트

빨간 무라고도 불리는 비트는 강화의 순무와 비슷하게 생겼으며, 뿌리 채소의 일종으로 표면이 매끄럽고 모양이 둥글며 껍질이 단단하다. 비트는 중간 크기인 것이 식감이 가장 부드럽다. 날로 먹을 때는 간혹 진한 흙냄새가 나나, 삶으면 단맛과 감칠맛이 올라오며 특유의 흙냄새가 사라진다. 잎은 은은한 단맛과 부드러운 식감으로 식재료로서의 활용도가 높아 샐러드나 쌈채소, 때로는 싹채소로도 이용한다. 신맛과 단맛의 감귤류와 같이 사용하면 좋고, 짠맛과 고소한 맛의 치즈 그리고 견과류의 씁쓸한 맛과 고소한 맛과도 잘 어울린다. 다양한 종류의 채소, 허브와 잘 맞는 편이므로 샐러드 용도로 많이 활용되는 편이다. 저장성이 좋아 연중 계절에 구애를 받지 않고 구할 수는 있지만 수확된 지 얼마 안 된 비트는 흙이 많이 묻어 있고 잘랐을 때 붉은색이 선명한 편이다.

비트 뿌리에서 한 마디 정도의 줄기를 남긴 채 흙은 제거하고 수분이 날아가지 않도록 키친타월로 감싼 후 비닐 팩에 넣어 냉장고에 보관해야 비트의 수분과 색소가 유지될 수 있으며, 냉장보관 시 2주 안에는 사용하는 것이 좋다.

Sweet pumpkin cream soup
단호박 크림수프

Ingredients / 재료

단호박 100g, 닭뼈 50g, 당근 30g, 양파 50g, 대파 20g
셀러리 10g, 월계수잎 1잎, 통후추 3알, 무 50g
설탕 20g, 버터 50g, 밀가루 20g, 소금, 후추
달걀 1개, 애플민트 1줄기, 생크림 50ml

Method / 조리법

1. 단호박은 껍질과 씨를 제거하고 잘게 썰어놓는다.
2. 팬에 버터를 녹이고 다진 양파, 대파를 넣고 부드러워질 때까지 볶은 후에 호박 썬 것을 넣고 충분히 볶는다.
3. 닭뼈와 미르포아, 대파, 무를 사용하여 치킨스톡을 끓여 준비한다.
4. ②에 소량의 밀가루를 넣고 볶은 후 치킨스톡을 넣어 충분히 끓여준다.
5. ④를 믹서기에 갈아서 체에 내려 다시 은근히 끓여 크림을 넣고 소금, 후추로 맛을 낸다.(믹서기가 없을 경우 고운체에 내려서 만든다.)
6. 달걀흰자는 거품을 낸 후 적량의 소금을 넣고 숟가락 2개를 이용하여 크넬(quenelle)형을 만들어, 물에 넣어 익힌 뒤 찬물에 식힌다.
7. 완성된 수프를 그릇에 담고 달걀 크넬을 띄워 완성한다.
8. 크넬 위에 애플민트 한 잎을 올려 준다.

특이사항

1. 단호박을 충분히 볶아서 사용하면 특유의 비린 향을 제거할 수 있다.

달걀

닭의 알이며 달걀 또는 계란(鷄卵)이라고도 한다. 생김새는 한쪽 면은 넓적하고, 나머지 한쪽 면은 뾰족한 타원형이며, 딱딱한 껍질인 난각 속에는 난백, 난황, 알끈, 기실, 배아 등이 있다. 달걀의 무게에 따라 왕란, 특란, 대란, 중란, 소란 등으로 분류 유통되고 있으며, 무게는 대란 기준 52g~60g이다. 난각 9~12%, 난백 58~60%, 난황 30~31%로 정도로, 난각의 색은 흰색과 갈색이 있으나 영양가와는 무관하며, 병아리가 태어날 수 있는 유정란과 그렇지 않은 무정란과의 영양 성분의 차이는 거의 없다.

국내에서 유통되고 있는 달걀은 2019년부터 10자리 코드로 관리되는데, 맨 앞 4자리는 산란 월/일, 그다음 5자리는 생산자코드, 맨 뒷자리는 사육환경코드로 달걀의 품질과 닭의 사육환경을 일반 소비자가 잘 알 수 있도록 표시되어 유통되고 있다.

필수 아미노산 및 각종 비타민과 미네랄이 풍부한 거의 완전식품인 달걀은 흰자의 담백한 맛과 노른자의 고소한 맛이 조화롭게 어우러지며, 조리할 때 단독으로 사용하는 먹는 것부터 다른 음식의 부재료까지 그 용도가 다양하게 활용되고도 있어 그 소비량도 2018년 기준 한국인 1인당 약 268개의 달걀이 소비되었다.

달걀은 크기에 비해 무겁고, 껍질에 이물질이 묻어 있지 않고 까칠하며, 흰자는 맑고 투명하며, 점성이 끈끈하게 잘 유지되어 있으며, 노른자는 높고 둥글게 올라와 있으며 탄력이 있는 것 신선한 것이다. 0~10℃ 이하에서 30일, 10~20℃에서 1주일간 보관할 수 있으며 보관 시에는 넓적한 쪽에 있는 기실이 위쪽으로 오도록 세워서 보관한다.

살모넬라균으로 오염된 달걀껍데기를 취급하는 과정 중에 균이 음식 내부로 옮겨가 식중독을 발생시킬 수 있으므로 교차오염 방지에

주의하여야 한다. 껍질에 금이 가 있거나 깨진 것, 오염물질이 있는 것 등은 피하고 산란 일자를 확인하고 구입 즉시 냉장 보관하는 것이 좋다.

단호박의 영양/건강/효능

호박의 황색은 카로티노이드 색소(카로틴)로서 항산화 작용이 매우 뛰어난 파이토케미컬(phytochemical) 성분 중 하나이며 항암효과가 있다. 따라서 호박을 고를 때에는 누렇게 잘 익은 것을 골라야 약효가 뛰어나고 당도도 높다. 호박은 비타민 A, 비타민 C, 비타민 E 등 다량의 비타민을 함유하고 있다. 특히 비타민 A는 망막의 시각작용을 담당하는 세포에서 약한 빛을 감지하는 데 필수적인 로돕신(rhodopsin)을 형성하게 함으로써 어두운 곳에서 시력이 떨어지지 않도록 눈 건강을 지켜주는 매우 효과적인 성분이다. 호박은 신장 기능이 나빠져 부종이 있는 환자나 산후 부기가 빠지지 않는 산모가 먹으면 좋다. 호박즙이나 호박죽을 섭취한 경우 소변을 자주 보게 되는 이유는 호박이 항이뇨호르몬의 분비를 억제해 체내의 이뇨작용을 촉진하기 때문이다.
단호박에 많이 함유되어 있는 마그네슘(Mg)은 칼슘(Ca)과 더불어 천연의 진정제로서 항스트레스 무기질로 흥분억제 효과가 있다. 그리고 대사증후군 요인(요소)들 중에서 이상지질혈증이나 혈압상승과의 관련성이 혈중 마그네슘과 관련이 높은 것으로 나타나고 있어 단호박을 섭취함으로써 대사증후군 위험을 낮출 수 있다.

Grilled duckbreast with Bigarde sauce

비가라드 소스를 곁들인 오리 가슴살 구이

Ingredients / 재료

오리 가슴살 1개, 버터 50g, 사과 20g, 올리브 오일 30ml, 양파 30g, 데미그라스 30g
레드와인 20ml, 레드와인 비니거 20ml, 당근 30g, 월계수잎 1잎, 홀블랙페퍼 2알
토마토페이스트 10g, 브랜디 10ml, 셀러리 10g, 설탕 10g, 타임 2g, 오렌지 1개
단호박 50g, 생크림 30ml, 마늘 10g

Method / 조리법

1. 오리 가슴살은 마늘, 타임, 소금, 후추로 마리네이드한다.
2. 달궈진 팬에 ①의 오리 가슴살을 시어링하여 오븐에서 미디엄으로 굽는다.
3. 단호박은 껍질을 벗기고 슬라이스하여 푹 삶아 퓌레를 만들어 준비한다.
4. 사과는 웨지로 썰어 버터구이로 준비한다.
5. 오렌지는 껍질을 벗기고 속은 섹션을 만들고 나머지는 주스를 만들어 놓는다.
6. 채소를 볶아주면서 페이스트를 첨가하고 브라운소스를 만든다.
7. 설탕을 녹여 와인 비니거를 첨가하고 브라운소스와 오렌지 주스를 넣어 비가라드 소스를 만들어 준비한다.
8. 접시에 준비한 가니시를 담고, 구운 오리 가슴살, 오렌지는 웨지로 썰어 가지런히 놓는다.
9. 비가라드 소스를 뿌리고 장식한다.

특이사항

1. 비가라드 소스를 만들 때 설탕이 타지 않도록 주의한다.

Green Tea Mousse

녹차오페라

비스퀴 조콩드 재료

슈거파우더 80g, 아몬드파우더 80g
노른자 20g, 달걀 120g, 흰자 160g, 설탕 80g
박력분 64g, 녹차파우더 6g, 버터 20g

녹차 가나슈 재료

화이트초콜릿 60g, 밀크초콜릿 60g
녹차파우더 6g, 물엿 20g, 생크림 150g
버터 30g

녹차 버터크림 재료

버터 200g, 녹차파우더 8g, 말차 리큐르 8g
물 40g, 설탕 80g, 노른자 40g

녹차 글레이즈 재료

설탕 80g, 녹차파우더 7g, 물엿 10g
생크림 50g, 물 60g, 젤라틴 4g

비스퀴 조콩드 만드는 과정

1. 볼에 체질한 슈거파우더, 아몬드파우더, 녹차파우더, 박력분을 넣은 후에 거품기로 섞는다.
2. 달걀을 넣고 잘 섞는다.
3. 흰자는 거품을 올려서 설탕을 넣고 끝이 약간 휘는 정도로 머랭을 만든다.
4. 반죽에 머랭을 1/2 정도 섞은 후에 녹인 버터를 섞는다.
5. 나머지 머랭을 섞고 준비된 철판에 패닝한다.
6. 오븐온도 190℃/170℃에서 15분간 굽는다

녹차 가나슈 만드는 과정

1. 볼에 화이트초콜릿, 밀크초콜릿, 물엿을 중탕하여 녹인다.
2. 끓인 생크림을 넣고 저어준다.
3. 버터를 넣고 저어준다.
4. 녹차파우더를 넣고 섞어준다.

녹차 버터크림 만드는 과정

1. 물과 설탕을 끓인다.
2. 노른자를 저어가면서 끓인 시럽을 천천히 부어준다.(노른자가 익지 않도록 시럽을 조금 식혀서 사용한다.)
3. 시럽에 버터를 넣고 저어준다.
4. 녹차파우더를 넣고 저어준다.
5. 말차 리큐르를 넣고 섞어준다.

녹차 글레이즈 만드는 과정

1. 냄비에 물, 물엿, 생크림, 설탕을 넣고 끓인다.
2. 녹차파우더를 넣고 저어준다.
3. 물에 불린 젤라틴을 넣고 저어준다.
4. 고운체에 걸러준다.

디저트의 역사

① 중세시대에는 얇거나 속에 재료를 넣었거나 콘처럼 돌돌 말린 와플이 큰 인기를 얻었다.
파티시에와 푸아스(fouace, 비스킷의 일종) 빵집들은 축제용으로 운반 가능한 화덕도 갖추고 있었다.
빵껍질에 과일이 들어간 파테는 당시 케이터링 업체의 전문 요리였다.

② 르네상스는 다른 예술과 함께 파티스리가 많이 발전한 시대이다. 이 분야에서 최초의 저서인 '프랑수아'를 보면 설탕이 많이 알려져 있음을 알 수 있다. 프티 슈, 머랭 등 달콤한 제품이 바로 이 시대에 만들어졌다.
이탈리아 제과업은 설탕을 끓여서 만드는 제과 분야에서 뛰어난 실력을 발휘하였다. 당시 이탈리아의 사회적 분위기가 식사의 마지막 부분을 새롭게 창조해 예쁘게 만들려는 의지가 있었고, 이것이 디저트에 많은 영향을 주었다. 유명 궁중 요리사 바텔은 17세기 궁중에 프리앙디즈(단과자류)를 소개한다. 베르사유 궁전의 루이 14세 시절, 피에스 몽테(piece montee)는 연회에서 일종의 '늘임표'와 같은 역할을 했다.

③ 18세기에도 달콤한 디저트를 즐기는 대중들의 취향은 계속되었다. 샹티(chantilly) 크림이 급증하고 아이스크림도 많은 사랑을 받았다. 현재도 남아있는 파리의 유명 레스토랑 르 프로코프(Le Procope)에서는 이 두 가지를 동시에 모두 맛볼 수 있다. 르노트르 정원에서 영감을 받은 가토들은 제비꽃, 자스민, 장미 등과 같은 꽃 향으로 만들어진다. 앤틸리스제도산 설탕과 바닐라는 이때 명품이 번성하였던 것처럼 퍼져 나갈 때 드디어 앙토냉 카렘(Antonin Careme) 시절이 온다. 앙투안(Antoine)은 19세기 파티스리를 장식적이고 고급스러운 단계로 끌어올리면서 예술의 반열에 올려놓은 매우 중요한 인물이다. 그는 "예술에는 다섯 가지가 있다(회화, 조각, 시, 음악 그리고 건축인

오페라(Opera)

프랑스의 초콜릿 케이크. 역사적으로 볼 때 비교적 최신 과자에 속한다. 비스퀴 조콩드 특수 반죽에 케이크 시럽을 충분히 바른 다음 커피 풍미의 버터크림과 초콜릿과 생크림으로 만든 가나슈를 번갈아가며 바르고 샌드하여 표면에 초콜릿을 바른다. 그리고 윗면에 순금박으로 화려하게 장식한다. 오페라 케이크는 파리의 오페라 극장 부근의 제과점에서 처음 만들었다고 해서 붙은 명칭이다.

Savarin
사바랭

사바랭 재료
강력분 150g, 중력분 100g, 설탕 20g, 소금 4g
달걀 1개, 우유 190g, 생이스트 10g, 버터 100g

사바랭 만드는 과정
1. 버터를 제외한 전 재료를 넣고 반죽한다.
2. 버터를 녹여서 넣고 섞어준다.
3. 반죽이 완성되면 30~40분 1차 발효시킨다.
4. 준비된 몰드에 반죽을 넣고 2차 발효시킨다.
5. 오븐온도 175℃에서 20분간 굽는다.
6. 오븐에서 나오면 준비된 시럽에 넣었다가 꺼낸다.

사바랭 시럽 재료
물 500g, 설탕 300g, 바닐라 빈 1개, 오렌지 1개
레몬 1개, 월계수 잎 1장, 럼 150g

사바랭 시럽 만드는 과정
1. 냄비에 물, 설탕, 오렌지, 레몬, 월계수 잎을 넣고 끓인다.
2. 시럽을 불에서 내려 뜨거울 때 럼을 넣고 랩으로 싸 놓는다.

사바랭(Savarin)

프랑스 생과자로 반죽이 묽은 것이 특징이다. 발효반죽을 사바랭 틀 또는 바바 틀에 채워서 구운 다음 럼 또는 브랜디 시럽을 흡수시켜 만든 과자로 가운데에는 크림과 과일을 얹는다. 프랑스의 제2제정 시기에 파리에서 제과사이자 제과업자였던 쥘리앵(Julien)이 건포도를 넣지 않은 반죽을 구워서 시럽에 담근 것이 최초이다. 이것을 당시 식도락가였던 브리야 사바랭(Brillat Savarin)의 이름을 따서 사바랭이라 명명하였고 럼을 자주 쓰기 때문에 바바 오 럼이라고도 한다.

데 건축의 핵심 가치는 파티스리이다)"라는 말을 남겼다.

④ 20세기 초부터 전문 파티스리는 요리학에서 주요한 부분을 차지한다. 기술과 노하우에 대해 세계 각 나라들로부터 많은 관심을 받았다.
냉장과 전기가 보편화되고 주요 도시에 파티스리가 자리를 잡게 되면서, 파티시에들과 주부들은 가토를 만들기 시작한다.
일요일이 되면 가토는 아이스크림과 함께 경합을 벌일 만큼 사람들이 즐겨 찾는 음식이 되었는데, 유급휴가가 생기면서 처음으로 휴가를 떠나는 사람들에게 특히 많은 사랑을 받았다.

⑤ 1960년대까지 버터크림과 향을 가미한 앙트르메(Entremets)가 유행하였다. 글라스 로열(glace royale, 슈거파우더와 달걀흰자를 혼합)과 아몬드 페이스트가 장식에 많이 사용되면서 큰 인기를 얻게 된다.
크렘 랑베르세와 히 오레(riz au lait)의 시대가 지나고, 현대로 오면서 사람들은 칼로리를 줄인 가벼운 디저트를 많이 찾고 있다.
롤링스톤을 듣던 시절, 바바루아 크림, 과일 무스 그리고 사부아(savoie) 비스킷이 나와서 먹기 시작했다.

⑥ 현재 제과업계는 화려한 매장과 유명 제과점들로 성행하고 있으며, 기술의 발전으로 설탕과 지방을 줄이고 디저트 카트보다는 좀 더 세련된 플레이트가 대세이다.
젊은 셰프(Chef)들은 제과 기술을 사용하여 조리된 다양한 디저트를 만들고 있다.

세계의 풍부한 요리 가운데 프랑스 스타일의 파티스리는 누구나 인정할 수밖에 없는 입지를 형성하고 있다. 파티스리는 곧 '프랑스식'을 의미한다.
그러나 이러한 프랑스 스타일 또한 다양한 영향을 받은 바 있다. 파티스리는 원래 이탈리아의 것이었다.
메디치 가문은 파트 아 슈의 창시자인 포펠리니를 프랑스 궁중으로 보냈다. 17세기에 잼과 아몬드 페이스트를 유행시킨 나라가 바로 이탈리아이다.
유럽 각국의 궁중들은 설탕을 끓여 피규린(figurine)과 기타 모티브를 만들 수 있는 이탈리아 제과업체들의 서비스를 얻기 위해 서로 경쟁하였다.
그리고 회화적인 파티시에 카렘이 있는 프랑스가 이 기술을 손에 넣게 되었다. 이렇게 프랑스식 파티스리는 프랑스 요리의 핵심으로 떠올랐다.
이어서 프랑스에서는 미식 문화를 바탕으로 미식 문학이 급속도로 번성하였는데 라블레, 그리모드 라 레니에르, 브리야 사바랭, 뒤마, 보들레르 그리고 프루스트 등이 그 주역이다.
시간이 흐르면서 파티스리 분야에는 국경을 초월하는 유산과 정체성이 형성되었고, 그러한 유럽 스타일은 지금 전 세계로 수출되고 있다.

Wine Marriage (와인 마리아주) Tip!

Schloss Vollrads, QbA Erstes Gewaechs

슐로스 폴라즈, 에어스테스 게벡스

www.schlossvollrads.de
*국가/생산지역: 독일 > 라인가우
*품종: 리슬링 100%
*알고올: 12.6%

슐로스 폴라즈가 기록된 최초 문헌은 1211년에 시작되어 세계에서 현존하는 가장 오래된 와이너리로 널리 알려져 있다. 중세 시대부터 귀족이나 왕가에 납품된 귀한 와인이자 모두가 공인하는 독일 최고의 리슬링 와인 생산 브랜드이다. 라인강을 둘러싼 타우누스 산지에 남향을 바라보는 위치에 빈야드가 자리하고 있고, 석회질 토양과 황토, 풍부한 일조량의 영향으로 적절한 산도를 갖춰 구조감을 보여준다. 레몬의 노란 빛을 띠며 복숭아와 말린 과일 향이 강한 풀바디 와인으로 드라이하지만 리슬링 특유의 아로마와 풍미가 입안을 가득 채워준다. 적절한 산도와의 조화가 완벽한 밸런스를 이루어 산뜻하면서도 과실 향과 미네랄이 잘 어우러져 매력적인 향기를 선사한다.
다양한 종류의 어떤 요리와도 잘 어울리며 특히, 미네랄 맛을 포함한 음식(각종 채소, 양념을 재운 요리, 가금류)과 훌륭한 조화를 이룬다. 아울러 덕 아로랑주(Duck a l'orange) 소스의 신맛과 와인의 산도가 어우러지는 것과 같이 비슷한 산도의 음식과 페어링함으로써 와인의 매력을 한층 더 느낄 수 있다.

Famous Rheingau vineyards region in late summer in Germany, green hills on sunny day. Famous vineyard region near Mosel and Rhine in Germany. Making of delicious red wine.

United Kingdom,

The United Kingdom of Great Britain and Northern Ireland

House of Parliament in Westminster in London.

London aerial view with Tower Bridge in sunset time

찾았다 아스파라거스, 그레이트 브리튼에서

아스파라거스는 미국과 유럽에서 샐러드용으로 많이 먹으며 재배지역은 남부 유럽과 영국이다. 잉글랜드, 스코틀랜드, 웨일스, 북아일랜드로 구성된 영국은 2021년 EU를 탈퇴하였고, 그로 인해 5억이 넘던 EU 인구는 4억 6천만으로 줄어들었다. 영국은 이민자가 지속적으로 유입되고 있어 다민족 국가로 변하고 있고, 종교 역시 유대교, 이슬람교, 힌두교, 시크교 등 다양하다.

영국의 날씨는 여름에는 선선하고 겨울에는 온난하다. 연중 고른 강수량으로 여름을 제외하면 변덕스러운 날씨를 체험할 수 있고 흐린 하늘을 언제나 볼 수 있다. 또한 주요 경제국 중에서 최초로 '순배출 제로법(net-zero emission law)'을 통과시켜 2050년까지 온실가스 배출량이 '0'에 수렴하도록 노력하고 있는 친환경 국가이다. 영국은 한국 기준 180일 무비자 체류가 가능하며 관광산업은 국가 GDP의 10%가 넘고, 전체 일자리의 10%를 담당하고 있다. 유네스코(UNESCO) 세계문화유산을 32개 보유하고 있고 스톤헨지, 그리니치 천문대, 런던타워(Tower of London), 쥐라기 코스트(Jurassic Coast) 등이 있다.

스톤헨지

영국 윌트셔주 솔즈베리 평원에 위치하며, 고대의 태양신앙과 밀접한 연관이 있다고 추측하고 있다. 돌의 건조 시기는 BC 1800~1400년 정도로 추정된다. 주변에 바스를 구경하면서 들르는 것이 좋고

최근에는 고고학적 발굴 및 연구 활동으로 인하여 관광객이 아주 가까이 다가가는 것을 금하고 있다.

Jurassic coastline Dorset England

그리니치 천문대

본초 자오선의 기준점이 있는 곳으로, 기존의 각 나라마다 있던 자오선을 하나로 통일함으로써 서로 다른 지도들의 연결과 평균시(GMT) 계산도 가능해졌다. 현재는 상징적 의미만 남아 있고 보다 정확한 기준을 활용한 시간 계산과 위치 기준점이 사용되고 있다. 한편, 런던 타워는 여러 개의 탑과 성벽으로 이뤄진 건축물로서 왕의 거처나 요새 또는 왕족과 귀족들의 처형장 등으로 사용되었다.

쥐라기 코스트

잉글랜드 남부 도시 라임레지스 인근 해변에 위치하며, 1억 8,500만 년 전 지구의 모습이 세계에서 유일하게도 완벽하게 보존되어 있는 곳이다. 이곳에는 공룡이 살았던 트라이아스기, 쥐라기와 백악기의 지형이 연속해서 나타나며 세계적으로 중요한 화석 분포지도 있어서 척추동물과 무척추동물, 해양생물과 육상생물에 이르기까지 다양한 화석을 접할 수 있다. 그리고 이곳은 과거 사막, 열대의 바다, 화석 숲, 공룡이 번성했던 늪지가 있었던 지역으로 알려져 있다.

와인과 관계가 없는 나라 영국

와인으로 유명한 대표 국가로 어디가 떠오르나? 프랑스, 독일, 이탈리아, 포르투갈, 칠레, 미국 등이 생각날 것이다. 그 나라의 와이너리 풍경을 한번 상상해보자. 상쾌한 날씨가 아닌 우중충한 먹구름, 안개, 비를 상상할 수 있나? No. 영국은 날씨부터가 그 나라들과 다르다. 맛 좋은 와인의 재료가 될 만한 포도품종을 재배하기가 어렵다. 역사적으로 와인에 대한 국가의 지원도 없었다. 물론 현재 잉글랜드와 웨일즈에서 와인을 생산한다고는 하지만 영국은 와인의 생산국이라기보다는 소비국으로 알려져 있다.

Stonehenge in Wiltshire, England, UK

맞춤형 교육으로 관광 산업의 리더로!

교육과정

ROAD MAP

KTC MD 교육과정

KTC MD 교육과정이란?

KTC MD는 Micro Degree의 약자로서, 재학 중 MD교육과정에 해당하는 전공 교과목을 이수하여 단기간에 심화전공을 수료할 수 있는 미니학위를 의미합니다.

KTC MD 교육과정 수료방법은?

희망하는 MD 교육과정을 선택하여 해당 전공 교과목 3개 이상 이수할 경우 MD 교육과정을 수료할 수 있습니다.

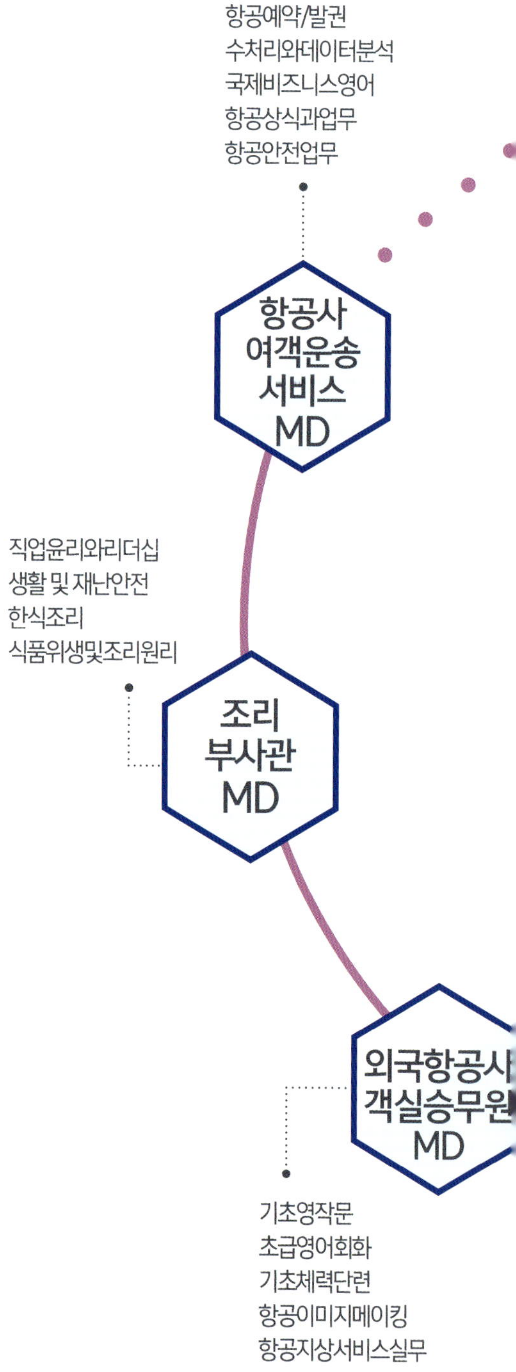

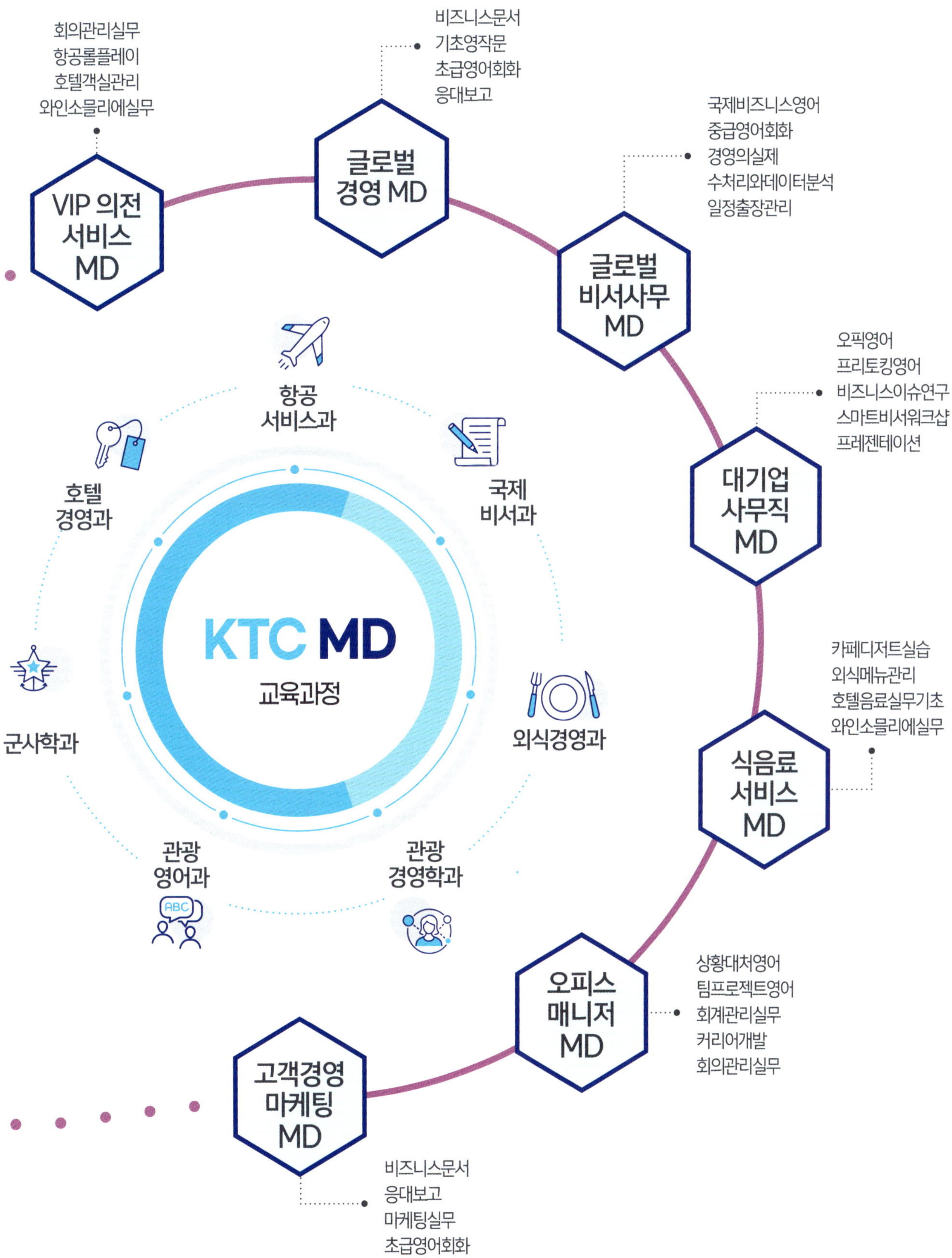
VIP 의전 서비스 MD
회의관리실무
항공롤플레이
호텔객실관리
와인소믈리에실무
글로벌 경영 MD
비즈니스문서
기초영작문
초급영어회화
응대보고
글로벌 비서사무 MD
국제비즈니스영어
중급영어회화
경영의실제
수처리와데이터분석
일정출장관리
대기업 사무직 MD
오픽영어
프리토킹영어
비즈니스이슈연구
스마트비서워크샵
프레젠테이션
식음료 서비스 MD
카페디저트실습
외식메뉴관리
호텔음료실무기초
와인소믈리에실무
오피스 매니저 MD
상황대처영어
팀프로젝트영어
회계관리실무
커리어개발
회의관리실무
고객경영 마케팅 MD
비즈니스문서
응대보고
마케팅실무
초급영어회화
KTC MD
교육과정
항공 서비스과
국제 비서과
외식경영과
관광 경영학과
관광 영어과
군사학과
호텔 경영과
ABC

Chapter 5_한국관광대학교 참여교수

호텔조리과
김창현 교수 (메인요리)

호텔제과제빵과
오동환 교수 (식전빵)

호텔제과제빵과
이재진 교수 (디저트)

호텔조리과
주향란 교수 (식재료, 영양)

호텔조리과
이은경 교수 (식재료)

외식경영과
김준원 교수 (와인)

관광경영학과
이 황 교수 (관광지)

The story of a

Patissier&Chef

CHAPTER 05

Homard gloves, Parmesan cheese croquant, mango sauce

Porcini cream soup

Grilled Mero with Pineapple and Apricot

Potato fondants, asparagus garnish, tenderloin steak and red wine sauce

호밀 하드롤

Ingredients / 재료

강력분 900g, 이스트 25g, 개량제 10g
소금 20g, 맥아 4g, 물 670g
호밀 100g

Method / 조리법

1. 모든 재료를 넣고 90%까지 믹싱한다.
2. 1차 발효 : 30분에서 펀치 후 20~30분 발효한다.
3. 분할 : 70g씩 분할하여 둥글리기 한다.
4. 중간발효 : 10~15분
5. 성형 : 재둥글리기 하여 기포를 일정하게 만들어 준다.
6. 패닝 : 철판에 8개씩 패닝한다.
7. 2차 발효 : 50분
8. 굽기 : 210℃ / 160℃에서 스팀 분사한 후 15~17분(가위로 + 모양으로 커팅) 굽는다.

호밀

호밀의 원산은 서남아시아이며 터키, 유럽, 미국, 일본으로 전파되었다. 밀과 비슷하나 트립토판 함량이 낮고 리신 함량이 높으며 곡류 중에서 기호성이 가장 낮고 소화기관에 장애를 초래한다. 호밀은 빵, 비스킷, 호밀 전분용, 위스키 원료로 사용된다.

호밀로 만든 빵은 소화가 잘되는 흰 빵과는 달리 거칠고 딱딱하며 특유의 시큼한 맛이 나므로 유럽에서는 예전부터 '서민이 먹는 빵'이라는 인식이 있었다. 그러나 호밀빵은 글루텐이 적고 섬유질이 많아서 웰빙 열풍과 더불어 건강을 생각하는 이들이 많아짐에 따라 선호되는 빵이 되었다. 이는 우리나라의 쌀밥과 보리밥(잡곡밥)의 대조와 비슷하다.

호밀은 척박한 환경에서도 재배할 수 있다. 즉 모래의 함유율이 높아 다른 작물이 자랄 수 없는 토양과 −25℃의 혹독한 추위에서도 잘 자랄 수 있다. 이 외에도 다른 작물을 수월하게 재배하기 위해 녹비로 심어 제초제를 사용하지 않고도 토양환경을 개선하며 옥수수가 나지 않는 계절에는 사료의 재료로도 사용된다.

하드롤

하드롤은 껍질이 딱딱한 공 모양의 빵이다. 전체적으로 연한 밀짚색을 띠고 부피에 비해서 가벼우며 하드롤 특유의 구수한 맛과 향이 난다. 겉은 딱딱하고 바삭하지만 속은 부드러운 속살로 가득 차서 상반된 식감을 즐길 수 있다.

하드롤을 만들 때 공 모양으로 만든 반죽을 오븐에 넣기 전에 윗면에 십자 모양으로 칼집을 내면 반죽에 있는 이스트가 오븐의 열기 속에서 빵을 팽창하게 만들어 표피가 거북이 등처럼 갈라진다.

하드롤을 먹는 방법은 크게 세 가지가 있다. 하나는 빵 전체를 식사 대용으로 그대로 먹는 방법, 다른 하나는 빵 위쪽을 동그랗게 구멍 내어 부드러운 속살을 파낸 후 속이 빈 빵을 그릇 삼아 수프를 채워 넣고 파낸 속살을 찍어 먹는 방법, 마지막은 반을 가르고 신선한 채소, 치즈, 햄 등의 갖은 재료를 더해서 샌드위치로 먹는 방법이다.

Homard gloves, Parmesan cheese croquant, Mango sauce

오마르 글러브, 파르메산 치즈 크로캉, 망고소스

Ingredients / 재료

바닷가재 1마리, 차새우 50g, 생크림 40ml
화이트와인 50ml, 달걀 1개, 마요네즈 50g
오렌지 주스 30ml, 망고 퓌레 30g
레몬 주스 10ml, 화이트와인 비니거 30ml
돈나물 10g, 프리세 5g, 소렐 5g, 처혜향 20g
주황 파프리카 20g, 파르메산 치즈가루 20g
밀가루 10g, 올리브 오일 50ml, 사프란 1g
레디시 10g, 만가닥버섯 10g, 설탕 10g
발사믹크림 10ml, 블랙올리브 1개

Method / 조리법

1. 바닷가재를 손질하여 꼬리 살만 빼서 준비하고, 새우는 살만 준비한다.
2. 가재살을 손질하여 글러브 모양으로 감쌀 부분을 빼고, 나머지 살과 새우를 이용하여 무스를 준비하여, 손질한 가재살에 올려 둥글게 말아 스팀으로 익혀 준비한다.
3. 마요네즈와 망고 퓌레, 화이트와인 비니거를 이용하여 소스를 만든다.
4. 파르메산 치즈가루, 밀가루, 올리브 오일을 이용하여 크로캉을 만들어 준비한다.
5. 돈나물은 살려 준비하고, 채소들은 한입 크기로 잘라 놓고 천혜향은 섹션을 만들어 준비 한다.
6. 접시에 발사믹크림으로 모양 있게 터치하고 준비한 가재글러브와 채소 가니시를 이용하여 플레이팅하고 크로캉을 올려 장식하여 마무리 한다.

특이사항

1. 가재살과 새우살을 이용해 무스를 만들 때 곱게 만든다.

생크림

우유의 지방 성분을 원심분리하여 모은 식품으로 유크림이라고도 하며, 미백색에 부드럽고 크리미한 질감이다. 일반적으로 생크림은 동물성 우유로만 만들어 유통기간이 짧고 요리용으로 많이 쓰이는 동물성 생크림과 식물성 유지를 원료로 보관과 유통이 용이하며 주로 제과용으로 많이 쓰이는 식물성 크림(일명 휘핑크림) 등의 종류가 있다.

한국이나 일본에서는 유지방 18% 이상을 포함한 것이라고 규정하고 있고, 보통 유지방 함량은 30~40% 정도가 유통되고 있다. 나라마다 지방의 함량에 따라 분류가 다르며, 미국에서는 18~30%는 라이트(light) 크림, 30~36%는 휘핑크림, 36% 이상을 헤비(heavy) 크림이라고 하며 영국에서는 48% 이상을 더블크림, 55% 이상의 유크림으로 형태는 버터에 가까우나 맛은 크림에 가까운 클로티드 크림(clotted cream) 등이 있다.

Porcini cream soup
포르치니버섯 크림수프

Ingredients / 재료

건조 포르치니 10g, 양송이버섯 50g, 닭뼈 100g, 버터 40g, 밀가루 40g, 생크림 100ml
치킨베이스 5g, 양파 30g, 당근 20g, 셀러리 10g, 월계수잎 1g, 홀블랙페퍼 2g, 무 20g
대파 10g, 휘핑크림 5g

Method / 조리법

1. 건조 포르치니버섯을 미지근한 물에 불린다.
2. 양송이버섯을 깨끗이 손질하여 슬라이스 한다.
3. 닭뼈와 미르포아, 무, 대파, 월계수잎, 홀블랙페퍼를 이용하여 치킨스톡을 뽑아 준비한다.
4. 밀가루와 버터를 동량으로 화이트루를 만들어 준비한다.
5. 냄비에 준비한 버섯을 볶다가 치킨스톡을 넣고 푹 끓인다.
6. 건더기까지 믹서기에 곱게 갈아 준비한다.
7. 볶아놓은 루에 버섯 간 것을 넣고 끓인다.
8. 생크림을 넣고 끓이면서 소금, 후추 간을 하여 마무리한다.
9. ⑧을 수프볼에 담고 크림을 올린 후 버섯 고명을 올려 마무리한다.

특이사항

1. 포르치니버섯은 이물질이 있을 수 있으니 불린 후 국물을 시용할 때에는 마지믹까지 사용하지 않는다.

양송이버섯

향이 은은하여 세계적으로 가장 보편적으로 식용하는 송이과의 버섯으로 서양송이·머시룸이라고도 한다. 재배가 비교적 쉽고 풍미가 고소하고 쫀쫀한 식감으로 유럽에서는 소스, 수프, 볶음 등 지방과 같이 조리하면 어떤 요리에 넣어도 잘 무난하게 잘 어우러지는 맛을 가진 버섯이며, 아시아에서도 많이 소비되는 흔한 버섯이다.
버섯 중에서는 단백질 함량이 높은 편이며 칼로리가 낮고 섬유소와 비타민 D가 풍부하며, 소화효소를 가지고 있어 소화하기 쉬운 식재료이다.
버섯갓이 피지 않고 버섯 자루의 피막이 유지되어 있으며, 흰색 공 모양의 둥근 갓 상태가 가장 맛과 향이 좋고, 버섯갓이 피어서 편평해질수록 흰색의 버섯갓이 점차 갈색으로 변하게 된다.
갓에 흠집으로 없고 크지 않으며, 살 부분이 두껍고 연한 크림색을 이며, 뿌리 부분이 갈색으로 변하지 않은 것이 신선한 것이다.
습기를 제거하고 되도록 냉장보관하면서 빠르게 소비하는 것이 좋으며, 물이 닿으면 스펀지처럼 수분을 흡수해 버리는 성질 때문에 식감과 감칠맛이 저하된다. 키친타월로 갓 부분을 살살 털어내고 밑동을 살짝 도려내고 갓의 아래쪽에서 위쪽으로 잡아당기듯이 갓의 껍질을 얇게 벗겨 손질한 후 조리에 이용한다.

무

우리나라에서 배추와 더불어 대표적인 김치 재료의 하나로 김치뿐만 아니라 나물, 국, 조림 등 다양한 메뉴에 다양한 조리법으로 사용되고 있다. 익히지 않은 무는 아삭한 식감에 수분이 많고 특유의 단맛과 알싸한 매운맛이 있으며, 익힌 무는 국물의 맛을 깔끔하고 시원하게 하며 달큰한 맛과 깊은 맛이 있어 그 자체로 채수를 낼 때도 유용해 국물요리에 아주

잘 어울리는 식재료이다. 수분이 많고 비타민 C가 풍부하며, 탄수화물 소화효소를 가지고 있어 소화가 잘되고 위나 기관지를 보호하는 기능도 있다. 싹을 내어 무순으로 먹기도 하고 건조시켜 무말랭이로 이용하기도 한다. 깍두기나 김치용의 조선무, 조선무보다 수분이 많고 기다란 단무지용 왜무, 김치용의 어린 무인 열무, 무청 채로 이용하는 총각무, 그 외에 계걸무, 순무 등 여러 품종이 다양하게 이용된다.
잔뿌리가 없으며 단단하고 크기에 비해 무거운 무를 선택해 흙이 묻은 채로 신문지에 싸서 어둡고 통풍이 잘되며 서늘한 곳에 보관하면서 사용한다.

대파

우리나라의 대표적인 향신 채소로 어릴 때는 실파, 다 자라면 대파로 분류하며 쪽파와는 다른 품종이다. 대파와 유사한 서양의 리크(leek)는 대파에 비해 크고 질기며 덜 맵고, 더 달아 양파에 가까운 품종이다.
생으로 사용할 때는 매운맛과 쓴맛, 특유의 향이 강해 단독으로 사용하기보다는 잡내를 잡아주는 용도의 채소로 사용하며, 익히면 향이 사라지고 단맛이 올라온다. 흰 뿌리는 육수를 우려낼 때 감칠맛과 시원한 맛을 내는 데 사용하고, 잎과 줄기는 기름에 넣고 끓여 향신유를 만들거나 국, 김치, 볶음 등 다양한 조리법에 활용된다. 특히 한식에서 기본 양념으로 마늘과 더불어 빠질 수 없는 식재료이다.
선명한 녹색 잎과 곧고 흰색의 단단한 줄기에 전체적으로 윤기가 있으며 잔뿌리가 적은 것이 좋다. 수분 때문에 물러지기 때문에 수분을 제거하고 서늘하고 어두운 곳에 세워서 보관하고, 장기 보관할 때에는 냉동보관하는 것이 좋다.

Grilled Mero with Pineapple and Apricot

파인애플과 살구를 곁들인 메로 구이

Ingredients / 재료

메로살 70g, 미소(된장) 10g, 마티니 5ml, 우수구치 5ml, 생강 2g, 미림(맛술) 10ml, 유자청 5g
양파 20g, 파인애플 20g, 살구(캔) 10g, 화이트 퀴노아 10g, 표고버섯 10g, 고수 3g
할라피뇨 캔 5g, 화이트와인 비니거 10ml, 포도씨 오일 20ml, 치킨베이스 2g, 홍초 20ml
레시틴 5g, 식용꽃 1송이, 슈가피 순 1개, 올리브 오일 30ml, 바질 10g, 잣 10g

Method / 조리법

1. 메로살을 잘 손질하여 150g을 맞추어 커팅한 후 물기를 제거한다.
2. 미소된장과 우수구치 간장, 미림, 마티니, 생강, 마늘을 이용하여 마리네용 된장소스를 만든다.
3. 진공 포장지에 메로를 담고 완성된 된장소스를 넣어 진공한다.
4. 살사 재료로 표고버섯, 파인애플, 양파, 살구를 다이스로 자른다.
5. 할라피뇨는 곱게 다져 놓는다.
6. 마리네된 메로는 팬에 옮겨 180℃ 열에 약 12분 정도 구워 준다.
7. 포도씨 오일에 표고버섯을 먼저 볶아주고, 양파, 파인애플, 살구를 넣고 볶아주고 할라피뇨와 퀴노아, 채소스톡을 넣는다.
8. 화이트와인 비니거와 소금, 후추로 간한다.
9. 물과 홍초, 레시틴을 이용하여 폼을 만들어 준다.
10. 바질, 마늘, 잣, 파르메산 치즈를 이용하여 바질페스토를 만들어 준비한다.
11. 접시에 살사를 깔고, 메로를 올리고 홍초폼과 슈거피, 식용꽃을 올려 플레이팅을 한다.

특이사항

1. 메로살을 된장소스에 마리네 후 진공포장지에 담아 진공하면 마리네가 잘 된다.

생강

매운맛과 쓴맛, 약간의 텁텁하고 떫은맛의 향신채소로 한식에서는 양념으로 사용되고, 일식에서는 생선요리의 곁들임으로 마늘보다 많이 사용되며, 서양요리에서는 매운맛을 순화시켜 디저트, 음료나 술 등에 이용하며, 인도에서는 카레에 많이 들어가는 식재료이다.

생선의 비린내, 고기의 누린내 제거와 강한 살균 작용이 있고, 몸을 따뜻하게 하는 작용과 소화효소, 근육통 완화의 효과가 있어 약용으로 이용되기도 한다.

황토색의 단단한 육질을 가진 것으로 여러 덩어리가 울퉁불퉁 한데 붙어있는 것이 좋으며 향이 강하고 매운 것이 좋은 것이다. 보관 시 습기에 썩을 염려가 있으니 흙 채로 신문지에 싸서 어둡고 서늘한 곳에 보관하며, 다지거나 편을 썰어 용도에 맞게 손질하여 냉동 보관하거나, 건조시켜 장기간 사용하는 것이 좋다. 곰팡이가 핀 무른 생강은 발암물질이 포함되어 있으므로 오염된 부분을 도려내기보다는 생강 전체를 폐기하는 편이 낫다

버섯의 건강에 관한 효능

버섯(mushroom)은 종류가 다양하고 각 버섯마다 성분과 맛 또한 다르다. 그중에서 독버섯이 있어 먹으면 사망에 이르기까지 한다. 버섯은 맛이 담백하며, 고단백, 저칼로리 식품이면서 식이섬유, 비타민, 철, 아연 등 무기질이 풍부한 건강식품이다. 버섯은 칼로리는 낮고, 포만감은 높이는 식이섬유가 풍부하여 장의 연동운동을 촉진시켜 변비를 예방하는 것은 물론이고 과식을 억제함으로써 다이어트 식품으로도 적합하다. 버섯에는 식이섬유가 40%나 들어있어 장 내의 유해물, 노폐물, 발암 물질을 배설하고 혈액을 깨끗하게 한다. 또한 버섯에 함유된 에르고스테롤(ergosterol)은 햇빛의 자외선에 의해 비타민 D_2로 전환되어 장 내의 칼슘 흡수를 촉진시켜 뼈 건강에 도움을 준다. 버섯류에 함유된 많은 단백다당류는 면역기능 촉진, 혈전 생성 억제 작용이 있어서 뇌경색 예방에 도움이 된다.

수많은 버섯들 중에서 본 레시피에 사용된 버섯의 효능은 다음과 같다.

① 양송이버섯은 향이 없고 맛이 달며 연하다. 티로시나아제(tyroshinase)와 같은 소화효소가 풍부하여 다른 음식물의 소화와 흡수를 돕고, 비타민 D와 비타민 B_2, 엽산 등을 많이 함유하고 있어 골다공증, 고혈압 예방과 빈혈 치료에 효과가 있다.

② 표고버섯은 예로부터 불로장수의 묘약으로 귀하게 여겨졌으며, 중국에서는 "표고를 먹으면 생기와 정력이 솟아나며 감기에 잘 듣고 혈행(血行)을 좋게 하며 전신을 힘차게 한다"라고 그 효능을 기록하였다. 표고에는 비타민 $B_1 \cdot B_2$, 칼륨 등이 많이 들어있으며, 혈중 콜레스테롤을 저하시키는 에리타데닌(eritadenine)과 암세포의 증식을 억제하는 렌티난(lentinan) 등이 함유되어 있다. 표고는 저칼로리, 정력 보강 식품으로 혈액순환 개선, 혈당 조절, 바이러스 증식 억제, 면역력 증강 등의 작용을 한다. 특히 표고버섯에 포함된 에르고스테롤이 햇빛의 자외선을 받으면 비타민 D_2를 생성하고, 이 성분은 체내에서 칼슘의 흡수를 촉진시켜 뼈를 튼튼하게 하여 골다공증 예방에 도움을 준다. 특히 말린 표고버섯에 비타민 D가 더 농축되어 있다.

1회 제공량당 함량(g)		1일 영양성분 기준치에 대한 비율(%)	1일 영양성분 기준치(g)
에너지	174(㎉)	-	-
수분	9.7	-	-
단백질	23.6	42.9	55
지질	2	3.7	54
회분	6	-	-
탄수화물	58.8	18.1	324
총 당류	**0.2**	**0.2**	**100**
총 식이섬유	**39.1**	**156.4**	**25**
비타민 D	77.6(㎍)	776.0	10(㎍)

농촌진흥청 국립농업과학원 농식품 올바로(http://koreanfood.rda.go.kr/main)

Potato fondants, asparagus garnish, tenderloin steak and red wine sauce

감자퐁당, 아스파라거스 가니시와 안심 스테이크, 레드와인 소스

Ingredients / 재료

안심 160g, 타임 3g, 마늘 5g, 로즈마리 1g
데미그라스 소스 40ml, 포트와인 40ml
토마토 50g, 양파 30g, 당근 20g
셀러리 10g, 월계수잎 1잎, 홀블랙페퍼 3g
토마토 페이스트 20g, 감자 70g
올리브 오일 50ml, 건자두 5g, 버터 30g
어린 루콜라잎 5g, 아스파라거스 1줄기
방울토마토 1개

Method / 조리법

1. 안심을 손질하여 로즈마리, 타임, 소금, 후추로 마리네이드한다.
2. 감자는 일정한 크기로 잘라 삶아 버터에 구운 다음 소금, 후추로 양념하여 준비한다.
3. 달궈진 팬에 ①의 안심스테이크를 구워준다.
4. 양파, 당근, 셀러리를 채 썰어 볶다가 토마토 페이스트, 포트와인, 데미그라스 순서로 첨가하여 포트와인 소스를 만들어 준비한다.
5. 접시 위에 가니시를 올리고 안심을 플레이팅한 다음 소스를 뿌려 완성한다.

특이사항

1. 안심 스테이크는 힘줄을 잘 제거해야 부드럽게 즐길 수 있다.

와인의 건강에 관한 효능

와인(wine)은 포도를 이용해 만드는 술의 일종임에도 건강에 좋은 효능이 많이 알려져 있다. 와인의 폴리페놀의 일종으로 주요 활성 성분인 레스베라트롤(resveratrol)은 뛰어난 항산화 물질로서 체내 세포 노화의 원인인 활성산소를 억제해주어 피부의 노화를 예방해 준다. 그리고 체내 콜레스테롤을 낮추어 피를 맑게 함으로써 혈액순환에 도움을 주고 고혈압이나 심장질환 예방에 도움을 준다.

레스베라트롤은 미세먼지나 독소로부터 폐를 보호하는 역할을 하고, 세포가 변형되는 것을 막아주어 폐의 종양 형성을 억제하는 역할을 해 폐기능을 향상시킨다. 그뿐 아니라 신체 주요 시스템이 제대로 기능하는 데 필요한 비타민과 미네랄도 함유하고 있다. 그리고 와인의 주재료인 포도에 함유되어 있는 주석산, 구연산 등의 유기산 성분이 몸속에 축적된 노폐물들을 배출시켜 피로를 회복시켜 주는 효과가 있다.

와인은 기초대사량을 높이고 중성지방을 분해하여 체중관리에 도움을 준다. 특히, 포도의 보라색을 나타내는 플라보노이드계 색소인 안토시아닌은 활성산소를 제거하는 항산화 작용을 통해 심장질환을 예방한다. 프랑스인이 육류를 많이 섭취하는데도 심장질환 발병률이 낮은 이유는 레드와인을 즐겨 마시는 식문화 때문이다.

와인은 붉은색이 진할수록 안토시아닌 색소가 많아 심장질환 예방에 효과가 크다. 레드와인과 화이트 와인의 기능은 약간의 성분이 달라 각각의 효능에 차이가 있다.

레드와인은 세계 10대 슈퍼푸드 중에 하나이며, 플라보노이드(flavonoid) 색소 중 타닌의 일종인 카테킨을 다량 함유하고 있어 항산화 작용이 매우 뛰어나다.

또한 파이토케미컬(폴리페놀) 성분이 백포도주와 비교했을 때 10배 정도 높아 항산화 작용은 물론이고 좋은 콜레스테롤(HDL-cholesterol)을 증가시켜준다.

폴리페놀 성분은 뇌, 신장 질환이나 각종 암 예방에도 도움을 주고 혈압을 감소시키며 긴장감을 낮춰 스트레스 완화에도 도움을 준다.

화이트와인은 레드와인에 비해 레스베라트롤과 타닌 화합물이 적고, 레드와인과 마찬가지로 알코올 성분은 세균을 공격하여 소화기의 소화를 촉진시키는 동시에 식중독 예방 효과가 있다.

화이트와인은 칼슘성분이 많아 골다공증 예방에 도움이 되고, 비타민 C, 안토시아닌 성분이 많아서 항산화 작용에 의한 피로회복, 노화방지 및 피부미용에 효과가 있다.

화이트와인은 비타민 A도 많이 함유되어 있어 시력보호 기능을 하고, 적당히 마시는 경우 신진대사를 촉진시켜 혈액순환이 잘되게 해서 심혈관 질환에도 도움이 된다.

하지만 와인은 알코올 성분을 함유한 술이기 때문에 하루 한 잔 정도 주기적으로 마시는 것은 도움이 되나 과한 섭취는 피해야 한다.

셀러리

혈액순환, 정장작용, 이뇨작용, 강장효과, 불면증 해소, 해열작용을 가진 셀러리는 약용작물로서 17세기 이후 이탈리아, 프랑스에서 식용채소로서 재배되었다. 뿌리는 수프, 파스타 소스의 재료로 활용하고 잎과 줄기는 샐러드, 볶음, 프랑스 요리의 기본 베이스인 미르포아 등에 많이 사용하고, 씨는 향신료로 셀러리 소금을 만들어 사용하기도 한다. 독특한 한약 냄새로 인해 호불호가 갈리는 채소로 고기의 느끼함과 잡내를 잡아주는 데 이용하며, 익히면 셀러리의 씁쓸한 맛과 독특한 향이 약해진다. 특유의 아삭한 식감과 향을 생으로 주스나 샐러드, 무침, 피클 등으로 즐기는 경우도 많다. 버려지는 부분으로 인식된 잎이 오히려 비타민 A의 함량이 높아 연녹색 줄기가 굵고 길며 연하고, 굵기가 일정하고 잎의 초록색이 선명한 것이 좋다. 줄기의 심줄이 또렷하고 요철이 선명한 것이 좋으나 요리에 이용할 때는 필러로 심줄을 제거하고 사용하는 것이 좋다. 초록색이 선명한 잎은 독특한 향이 강해 생으로 먹을 경우에는 한 잎줄기 끝을 제거한 후 사용하기도 한다.

아스파라거스

숙취해소에 좋은 아스파라긴산이 처음 발견된 채소로 고급 채소라는 인식이 있다.

생으로 먹거나 데쳐서 길쭉한 봉오리의 끝부분을 소스에 섞어 샐러드로 이용한다. 줄기는 질기고 지방과도 잘 어울리기 때문에 볶아서 먹기도 하고 통조림으로 가공되기도 한다. 햇볕을 차단한 채로 재배한 흰색 아스파라거스보다는 초록색 아스파라거스의 영양소가 더 많고 섬유소가 풍부하며 칼로리와 나트륨의 함량이 낮아 간의 해독기능과 더불어 신진대사 촉진, 피로회복, 자양강장, 혈관건강에도 효능이 있는 것으로 알려져 있다.

봉오리 부분은 오므려져 있고 단단하며, 아래쪽 줄기 부분이 연하고 굵으며 수염뿌리가 없는 것이 좋은 것이다. 수확 후 시간이 지날수록 쓴맛이 올라오고 줄기도 억세지므로 잘라버려야 하는 폐기 부분이 많아진다. 장기간 보관하기 어려운 채소로 젖은 키친타월로 감싸 세워서 냉장보관하며 보관 도중에 수분이 날아가지 않도록 밀봉한다.

서양요리에서는 스테이크의 가니시로 굽거나 베이컨말이, 파스타, 샐러드, 수프의 재료로 이용하고, 지방과도 잘 어울리기에 볶음 또는 튀김 등의 조리에도 많이 이용하는 식재료이다.

감자에 관한 효능

감자(potato)의 주성분은 전분이고 철분(Fe), 칼륨(K), 마그네슘(Mg), 아연(Zn), 인(P), 칼슘(Ca) 같은 중요한 무기질과 비타민 C, 비타민 B_6, 콜린, 식이섬유 등을 다량 함유하고 있다. 특히 감자의 비타민 C는 함량이 많을 뿐만 아니라 녹말 입자로 둘러싸여 있기 때문에 조리 시에도 잘 파괴되지 않는다는 장점이 있다. 예로부터 감자는 겨울철 비타민 B와 비타민 C의 좋은 공급원이었다. 감자가 함유하고 있는 영양소에 의한 효능은 다음과 같다.

감자의 철분(Fe), 인(P), 칼슘(Ca), 마그네슘(Mg) 및 아연(Zn)은 모두 신체가 뼈 구조와 힘을 만들고 유지하는 데 도움이 된다. 철분과 아연은 콜라겐 생성에 중요한 역할을 하며 칼슘과 인, 마그네슘은 모두 뼈 구조에 중요한 성분이다. 하지만 이들 중 칼슘과 인의 섭취는 1:1 비율로 균형을 유지하는 것이 중요하다. 인을 지나치게 섭취하면 칼슘의 흡수를 방해하여 체내 칼슘의 총량 부족으로 뼈 손실을 초래하고 골다공증 위험을 높일 수 있다.

체내 건강한 혈압을 유지하기 위해서는 나트륨(Na)과 칼륨(K)이 필수적이다. 우리나라 사람은 염분을 과다하게 섭취하여 나트륨의 공급이 많은 편인데,

감자의 칼륨은 체내 나트륨의 배설을 도와 균형을 유지해주고, 혈관 확장기능으로 혈압 개선 및 고혈압 예방에 도움이 된다.

감자에는 섬유질이 상당량 들어있다. 섬유질은 소화시스템에서 포만감을 증가시켜 식욕을 억제함으로써 체중관리에 도움이 되고, 혈액 내 총 콜레스테롤 수치를 감소시켜 심장질환 예방에 도움을 주며 변비를 예방하여 소화관의 규칙성을 촉진한다.

감자에 함유된 콜린(choline)은 신경전달물질(아세틸콜린, acetylcholine)의 구성성분인 복합지질이다. 이 성분은 체내에서 세포막의 구조 유지, 신경 자극 전달, 지방의 흡수, 초기 두뇌 발달에 영향을 준다. 성인 남성은 하루에 550mg, 여성은 425mg가 필요한데, 큰 감자에는 1개당 57mg의 콜린이 들어있다.

감자에는 암을 억제하는 클로로겐산(chlorogenic acid), 비타민 C, 케르세틴(quercetin)이 들어있어서 항암 식품이기도 하다. 이들 성분은 정상 세포를 암세포로 전환시키는 활성산소(자유라디칼)를 중화시켜 세포를 보호하는 항산화제 역할을 한다. 클로로겐산과 케르세틴은 플라보노이드 색소계의 폴리페놀 성분이다. 비타민 C는 피부 지원시스템에 관여하는 콜라겐의 생성에 도움을 주어 피부를 개선하고 피로회복에 도움을 준다.

몽블랑(Mont-Blanc)

알프스의 최고봉인 몽블랑을 본떠서 만든 케이크로 밤 페이스트, 생크림, 럼 등을 사용해서 만든다. 밤의 진한 맛과 스위스 머랭의 바삭함이 잘 어울리는 디저트이다. 보통 스펀지 케이크를 사용하지만 여러 가지 변화를 주어 특별한 디저트를 만들 수도 있다.

몽블랑은 밤 페이스트를 얇은 국수 모양으로 짠 것이 특징으로, 유럽보다는 일본에서 다양한 제품이 개발되어 많이 판매되고 있다.

Sweet Potato Mont-Blanc

고구마 몽블랑

밤 크림 재료

밤 페이스트 500g, 럼 50g, 버터 125g
생크림 100g

밤 크림 만드는 과정

1. 밤 페이스트에 버터 럼을 넣고 저어서 크림화 시킨다.
2. 생크림을 조금씩 넣으면서 부드럽게 해준다.
3. 준비된 몰드에 고구마 크림을 채운다.
4. 밤 크림을 짤주머니에 담아서 짜준다.

고구마 크림 재료

고구마 500g, 꿀 50g, 생크림 100g
버터 50g

고구마 크림 만드는 과정

1. 고구마를 푹 찐다.
2. 뜨거울 때 껍질을 벗기고 버터, 꿀을 넣고 덩어리가 없도록 으깬다.
3. 생크림을 넣고 섞어준다.

Tiramisu

티라미수

티라미수 반죽 재료

마스카르포네 치즈 250g, 노른자 70g, 생크림 100g, 설탕 50g, 물 15g, 흰자 50g

추가재료 사보이아르디 핑거쿠키

커피시럽 재료

물 500g, 설탕 40g, 맥심커피 50g, 칼루아 리큐르 30g

초코크럼 재료

설탕 100g, 황설탕 75g, 박력분 125g, 코코아파우더 50g
아몬드파우더 75g, 버터 75g

티라미수 만드는 과정

1. 마스카르포네 치즈에 노른자를 넣고 부드럽게 해준다.
2. 생크림을 올린다.(60%)
3. 설탕을 끓여 이탈리안 머랭을 만든다.
4. 마스카르포네 반죽에 생크림, 이탈리안 머랭을 순서대로 넣고 가볍게 섞는다.
5. 준비된 몰드에 반죽을 조금 채운다.
6. 핑거쿠키를 커피시럽에 적셔 위에 올리고 반죽을 채운다.
7. 냉동실이나 냉장고에서 보관하며, 먹기 전에 코코아파우더 또는 다양한 소스를 뿌려서 먹는다.
8. 초코크럼을 만들어 올리고 로즈마리와 애플민트를 올린다.

커피시럽 만드는 과정

1. 물, 설탕, 커피를 넣고 끓인다.
2. 시럽이 식으면 칼루아 리큐르를 섞는다.
3. 티라미수를 조금 만들 때는 시럽을 만들지 않고 에스프레소 커피를 내려서 사용한다.

초코크럼 만드는 과정

1. 볼에 가루 재료를 체 친 후 나머지 재료를 모두 넣고 섞어준다.
2. 두 손으로 비벼서 가루로 만든다.
3. 오븐온도 190℃에서 10~12분간 구워준다.
4. 티라미수 윗면은 전통적으로 코코아파우더를 뿌렸는데 최근에 와서는 다양한 크림이나 소스를 만들어 올려서 먹는다.

티라미수(Tiramisu)

1980년대에 들어와서 크게 유행한 이탈리아 디저트. 티라미수의 어원은 '끌어올리다'라는 뜻의 '티라레(tirare)', '나를'이라는 뜻의 '미(mi)', 그리고 '위로'라는 뜻의 '수(su)'가 합쳐진 이탈리아어이며, '기분이 좋아진다'는 뜻이다. 하얀 케이크 위에 뿌린 코코아파우더의 시각적 효과가 뛰어나고 커피, 카카오, 마스카르포네 치즈, 설탕, 달걀노른자와 흰자 등의 재료로 만들어, '기분이 좋아지다'라는 속뜻처럼 열량과 영양이 높고 부드럽기 때문에 누구나 좋아한다. 전통적인 티라미수에는 코코아파우더를 뿌리지만 최근에는 다양한 장식으로 제품에 많은 변화를 주고 있다.

국내 디저트 시장의 변화

현대사회의 전반적 생활수준이 높아지고 식생활 문화가 빠르게 변화하면서 외식의 빈도가 많아지고 일상이 된 소비자들은 맛뿐만 아닌 서비스와 분위기를 중시하며, 정신적 문화적 가치의 중요도가 높아지고 있다. 이러한 소비자의 니즈를 충족시키기 위하여 고급 인테리어와 차별화된 디저트 전략을 가진 프리미엄 외식 브랜드업체가 늘어나고 있으며, 이는 디저트 업계의 변화로 이어지고 있다. 디저트만을 판매하는 전문업체들이 증가하고 있으며, 점점 더 다양화, 전문화되어가고 있다. 소비자들의 기호 또한 세분화되고 있으며, 따라서 디저트 브랜드 업체는 메뉴의 참신함, 감각적이고 트렌드에 맞는 이미지, 개성 있는 제품을 만들어 높은 부가가치를 창출하고 있다.최근 트렌드가 젊고 트렌디한 감각으로 변화하면서 카페가 복합적인 문화공간으로 거듭난 결과 특히 젊은 여성 세대들은 밥집보다 세련된 카페를 이용하는 횟수가 더 많아 카페에 친숙한 20~30세대 여성들을 겨냥한 다양한 디저트 카페가 늘어나고 있다. 커피나 디저트 등 기호식품이 인기를 끌면서 시장에도 변화가 나타났다. 최근 몇 년간 유행하는 디저트 품목이 속속 생겨났고 그에 따라 재빠르게 대응하여 발전해 온 시장인 만큼 디저트가 단순한 곁들임이 아닌, 그 자체로서 맛과 품질 수준을 끌어올리는 것이 핵심이라고 할 수 있다.

Wine Marriage
(와인 마리아주)
Tip!

Grant Burge Filsell Barossa Old Vine Shiraz

그랜트 버지 필셀 바로사 올드바인 시라즈

https://www.grantburgewines.com.au
*국가/생산지역: 호주 〉 남호주 〉 바로사 밸리
*품종: 시라즈 100%
*알코올: 14.5%

수령이 100년 이상 된 포도나무로 이루어진 그랜트 버지는 1855년에 포도를 재배하기 시작하여 1865년부터 현재에 이르기까지 5대를 이어 와인을 생산하고 있다. 호주 최고의 와인 전문가 제임스 할리데이(James Halliday)로부터 와이너리 최고 평가인 별 다섯 개를 받은 쉬라즈의 메카인 바로사 밸리를 대표하는 와이너리이다.
껍질과 함께 8일 정도 1차 발효 후, 자연 효모를 사용하여 몇 주에 걸쳐 발효가 진행되며, 하루에 세 번의 펌핑 오버로 색과 타닌을 추출하며 20개월 동안 프렌치 오크와 아메리칸 오크에서 숙성시킨다. 강력하고 깊은 퍼플색을 띄며 시나몬, 바닐라, 블랙베리, 초콜릿 향을 느낄 수 있고, 입에서는 풍부한 블랙베리, 자두 같은 진한 과일 향과 다크 초콜릿, 모카, 바닐라 등의 달콤한 향기를 잘 느낄 수 있다.
풍부한 바디감과 밀도 높은 과일의 맛, 적당한 산도, 양과 질에서 훌륭한 타닌 등이 복합적으로 좋은 밸런스를 가지고 있어 최소 15년 이상 숙성시켜도 좋은 와인이다.

Duomo square with statue of Victor Emanuel 2nd. Milan, Italy

포르치니가 생각나는 이탈리아

포르치니 버섯은 이탈리아 사람들이 사랑하는 버섯으로 트러플만큼이나 향이 강하다. 한국의 송이버섯과 비슷하게 인공 재배가 어렵고, 나무에 기생하여 자라기에 채집이 힘들어 매우 비싸다. 9월에서 10월이 되면 이탈리아 현지의 각 식당들은 신선한 포르치니 버섯을 활용한 다양한 메뉴를 맘껏 선보인다.

이탈리아의 관광지로는 우선 로마가 있다. 콜로세움, 포로 노마노, 판테온, 팔라티노 언덕, 바티칸 미술관, 트레비 분수, 성베드로성당, 카타콤베, 베네치아 광장 등이 가볼 만한 곳이다. 피렌체에는 산타마리아 델 피오레 성당과 레오나르도 다빈치, 라파엘로 같은 화가의 작품이 있는 우피치 미술관이 있다. 이탈리아 제2의 도시인 밀라노는 예술과 패션의 도시로서 완공에 600년이 걸렸다는 고딕양식의 밀라노 대성당과 최후의 만찬 그림이 있는 산타마리아 델레 그라치에 성당이 있어 방문객의 필수 코스 중 하나이다. 그 밖에 한 곳을 더 소개하자면 모두가 알고 있는 피사의 사탑으로 알려진 피사는 피렌체 서쪽에서 만날 수 있다.

메로가 사는 남극

메로는 남극해나 남반구 남쪽 심해에서만 사는 생선으로 담백하고 건강에도 좋아 인기가 많다. 어획량을 조절하는 협약도 있지만 높은 가격으로 인하여, 세계 소비량의 대부분은 불법 어획한 것으로 소비된다. 남극은 최근 들어 많은 관광객들의 관심을 끌고 있는 곳으로, 세계에서 아시아, 아메리카, 아프리카 이어 네 번째로 넓은 대륙이다. 남극의 98%는 평균 두께

1.9km의 얼음으로 무겁게 땅을 누르고 있어서 대륙 전체가 가라앉은 상태이다. 남극해는 연중 파도가 심하고 거칠기로 유명하며 경우에 따라 하와이까지 너울을 만든다. 남극의 또 다른 특징은 강수량이 사막처럼 매우 적다는 것이다. 그래서 드라이밸리라고 하는 눈이나 얼음도 없는 신기한 땅이 존재하여 화성 탐사 예행 연습장으로 쓰이기도 한다. 1년에 6개월이 밤, 나머지 6개월이 대낮인 남극은 2004년 7월 23일에 −98.6℃까지도 기록했다. 그렇게 춥다 보니 바이러스도 살지 못하므로 외부 유입이 아니라면 남극 자체에는 감기가 없다.

Dramatic Natural Arch

남극에는 아직 탐사를 못한 지역이 많이 남아 있음에도 불구하고, 우리가 알고 있는 범고래, 크릴새우, 물개, 갈매기, 펭귄, 남방 코끼리 물범 등 외에도 고유 생물 종이 이미 천 종이 넘는다. 그리고 여러 나라와의 합의에 의해 남극은 극도로 오염이나 인위적 변화에 조심하고 있어서, 예를 들어 누가 야외에서 침을 뱉어도 침 주변의 흙을 통째로 들어내서 고국으로 가지고 가야만 한다. 그리고 당연하겠지만 남극은 지구상에서 가장 깨끗한 공기를 자랑한다.

남극은 우선 사람의 접근이 어렵고 시간도 많이 걸리며, 배를 타고 갈 경우에는 엄청난 멀미를 며칠 동안이나 견뎌야 한다. 거기다가 비용까지 수만 달러가 들지만, 남극 관련 환경 보호법에 의해 허가 없이 갈 수 있는 곳이 거의 없다. 그래도 전 세계 많은 사람들이 가장 가고 싶어 하는 곳 중에 하나이다.

니스산 비가라드

비가라드 소스에 사용되는 요리재료인 비가라드는 니스(Nice)의 특산품으로 오렌지이며 그 꽃은 오렌지 나무 꽃 향수를 만드는 데 사용된다. 니스는 가장 신의가 있는 도시라는 의미를 지니고 있으며, 프랑스 지중해 연안에 위치해서 모나코나 칸을 방문하는 관광객들이 꼭 들르는 휴양지로 알려져 있다.

pisa skyline with leaning tower

교양교육과정 Grow UP+

Grow UP+ 교양 교육과정이란?

Grow UP 은 학생이 예비사회인으로서 올바르게 성장할 수 있다는 의미입니다.
전인적 품성과 지혜를 갖춘 현대인으로서 교양과 상식을 확장할 수 있는 한국관광대학교 교양교육과정입니다.

Grow UP+ 교양 교육과정 수강신청은?

매 학기 학생들이 듣고 싶은 교양교과목을 자율적으로 수강신청 할 수 있습니다.

- 창업챌린지
- 심신단련과웰니스
- 뉴스포츠와협력
- 사회봉사

- 친절한스피치
- 독서와논리적글쓰기
- 서비스인간관계론
- 감성지능과리더십
- 대인관계와의사소통
- 조직이해와문제해결
- 파워스프레드시트
- 파워프레젠테이션
- 워드프로세싱의달인
- 미디어리터러시
- 스타트업영어
- 스타트업중국어
- 스타트업일본어
- 스마트영어
- 스마트중국어
- 스마트일본어

- 자기관리와셀프힐링
- 현대사회와직업윤리
- 심리학콘서트
- 예술로세상읽기
- 글로벌서비스매너
- 서비스人이미지메이킹
- 긍정심리학과부모교육
- 세계문화와여행
- 국제 정세로 세상 읽기

- 관광법규
- 관광학원론

비교과프로그램 CHANGE+

CHANGE+ 비교과 프로그램이란?

CHANGE : 대학 인재상에 부합하는 미래 관광서비스인 양성을 위한 6가지 핵심역량

Creativity 창의 **H**ybrid 융합 **A**mbidexterity 다재다능 **N**etworking 협업 **G**lobality 글로벌 **E**xpertise 전문성

- 체험기반 교육을 실시하고 이를 정규 교과과정과 연계
- 학생들의 참여 및 수요조사를 기반으로 프로그램을 개발하여 학생들이 스스로, 적극적으로 참여하는 자기주도형 학습 환경 조성

CHANGE+ 비교과 프로그램 분류

대학 특화 프로그램	핵심역량 전파 및 내재화 교육 프로그램, 역사문화체험 등 대학의 **핵심역량을 정확히 인지시키고 정규 교과의 한계를 넘어 체험 기반교육의 보완 및 심화하여 대학 인재상 및 교육목표 실현을 목표**로 하는 지원 프로그램
교과 연계 프로그램	전공 및 교양교과의 학습을 통하여 **성취하고자 하는 학습성과와 핵심역량을 심화**시키기 위해 제공하는 프로그램 ◆ 전공교과 연계 프로그램 · 전공별 산업체특강, 동문특강, 동문멘토링, 현장직무특강, 자격증취득 과정 (SMAT, TOPAS, 소믈리에, 슈가아트, 컴퓨터활용, 조리기능사, 바리스타 등) 현장탐방 프로그램 : 예비 직장인 적응 프로그램, 항공객실승무원체험교실, 객실서비스체험비행 등 전공기초 : 프랑스어 기초회화, 이미지메이킹, 한자특강 등 ◆ 교양교과 연계 프로그램 · 연합동아리, 창업동아리, 창업경진대회, 이천문화관광체험, 이천관광지 탐방 프로그램, 사회봉사 등
학습역량 강화 프로그램	**학생들의 학습역량(언어능력, 외국어능력, 수리능력, 학습전략 및 활용 기술 등과 학습동기를 포괄)을 강화**시키기 위해 제공하는 것으로 진단, 평가, 상담, 컨설팅, 학습공동체, 튜터링, 클리닉, 특강, 공모전, 그룹 활동, 전시활동 등 다양한 형태의 지원 프로그램
대학적응 프로그램	대학생활적응 프로그램, RC 방과후 자율학습 지원프로그램(전공능력 향상, 교양 함양, 체력증진, 외국어 등 자발적 활동 지원 프로그램)등을 지원하며 **대학 생활 적응을 위하여 대인관계 향상, 심리 안정**을 위한 전반적인 프로그램
체력증진 프로그램	학생들의 **신체 및 정신 건강 향상**을 목적으로 체력검사, 진단, 상담, 체육대회(Team Spirit Competition) 등을 제공하는 프로그램
학생 상담·지도 프로그램	CHANGE 진로설계 교과연계 인생레시피 프로그램, 대학생활 적응력 검사 및 상담, 진로설정 프로그램 등 **학생 개개인의 진로와 방향성을 고취**시키기 위하여 제공하는 프로그램
취·창업지원 프로그램	학생들의 **취·창업을 통한 사회진출을 지원**하기 위해 제공하는 것으로 취·창업캠프, 취업지원 프로그램 등 다양한 형태의 지원 프로그램
글로벌 프로그램	모의 외국어 시험, 외국어 캠프, 해외유학생 선발 프로그램, 국제의전단, 대사초청 특강, 대사관방문 프로그램 등 학생들의 **글로벌 역량을 향상**시키기 위해 제공하는 프로그램

맞춤형 교육으로 관광 산업의 리더로!

해외지원 프로그램

GLOBAL PROGRAMS

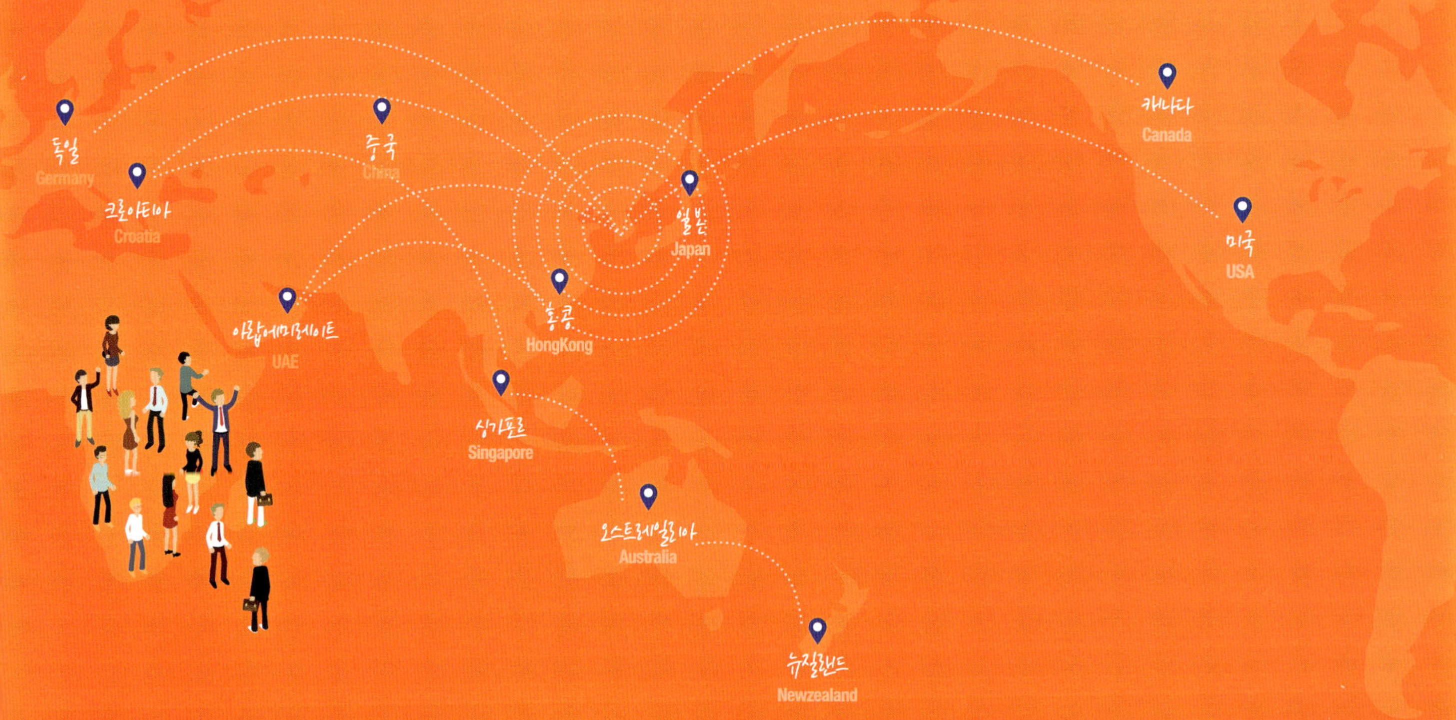

해외유학 프로그램

해외 현장에서 외국어에 대한 자신감 고취 및 해외취업의 다각화를 지향하고 활성화함으로써 해외 취업처를 확보하여 취업의 질 향상과 취업률 제고 지향

미국

하와이 카피올라니 칼리지

중국

남경사범대학

일본

오카야마 상과대학

[미국/중국/일본 각 나라별 최근 5개년도 참여 학생 수]

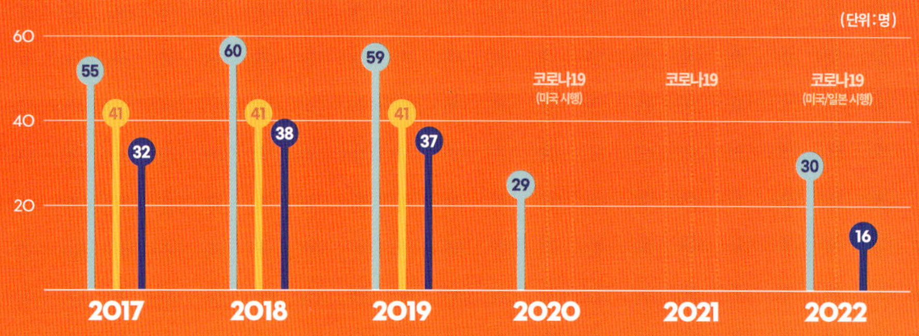

전문대학 글로벌 현장학습

해외 현장에서 외국어에 대한 자신감 고취 및 해외취업의 다각화를 지향하고 활성화함으로써 해외 취업처를 확보하여 취업의 질 향상과 취업률 제고 지향

연도	국가	인원
2017년	캐나다	3명
2018년	중국	2명
2019년	호주	2명

연도	국가	인원
2020년	•	•
2021년	중국	2명

※ [•] : 2020년 코로나19로 인해 미시행

해외지원 프로그램

재학생들의 외국어 능력 향상을 위해 해외 유학 프로그램 대상자 및 희망자를 대상으로 전액 지원하는 어학(외국어)캠프(영어, 일본어, 중국어) 실시

※ [•] : 2020년 코로나19로 인해 미시행

해외 인턴십

현지 어학교육을 통하여 재학생들의 어학 실력을 향상시켜 향후 관광산업의 인재를 육성하며 국제적으로 경쟁력 있는 인력을 양성하여 국내 기업 및 외국 기업으로의 취업 기회를 확대 도모

연 도	국 가	인 원	해외취업인원	비 고
2017	싱가포르	14	11	
2018	싱가포르	17	12	
2019	싱가포르	15	•	코로나19로 전체 귀국
2020	•	50	•	코로나19로 인해 특강으로 대체 운영
2021	싱가포르	106	•	

※ [•] : 코로나19 시기

해외 취업

주요 해외취업 국가는 싱가포르 46명, 오스트레일리아 6명, 아랍에미레이트 4명, 뉴질랜드 2명, 캐나다 1명 등의 영어권 국가이며, 영어 공용 국가인 독일 1명, 크로아티아 2명도 해외취업에 성공. 또한 일본 8명, 홍콩 2명으로 높은 해외취업률 유지

구 분	2018 정보공시	2019 정보공시	2020 정보공시	2021 정보공시	내 용
조사대상	2017. 02 / 2016. 08	2018. 02 / 2017. 08	2019. 02 / 2018. 08	2020. 02 / 2019. 08	졸업시기
취업대상	875	849	942	867	졸업생
해외취업인원	26	17	17	•	
해외취업률	3.0	2.0	1.8	•	
전국순위 (137개 대학)	5	7	6	116	
수도권순위 (43개 대학)	1	1	2	35	

※ 대학정보공시 5-다. 졸업 생의 취업 현황
※ [•] : 코로나19 시기

미국 하와이 KCC 공동학위 취득자

연번	학 과	성 명	해외유학시기
1	호텔경영과	전○현	2013-2학기
2	관광경영과	이○선	2013-2학기
3	외식경영과	송○아	2013-2학기
4	호텔경영과	이○훈	2015-1학기
5	관광영어과	조○온	2015-1학기
6	호텔조리과	유○현	2015-2학기
7	항공서비스과	김○림	2016-1학기

연번	학 과	성 명	해외유학시기
8	호텔조리과	장○영	2016-2학기
9	관광영어과	정○동	2017-1학기
10	항공서비스과	이○현	2018-2학기
11	디지털관광과	김○민	2019-1학기
12	관광영어과	정○희	2019-1학기
13	호텔조리과	조○비	2019-1학기
14	항공서비스과	표○연	2020-1학기

호밀 더블토스트 식빵

Ingredients / 재료

강력분 900g, 물 540g, 이스트 30g
개량제 10g, 소금 20g, 설탕 100g, 분유 30g
달걀 80g, 버터 150g, 호밀 100g

Method / 조리법

1. 버터를 제외한 모든 재료를 넣고 믹싱한다.
   클린업 단계에서 버터를 넣고 믹싱한다.
2. 1차 발효 : 50~60분
3. 분할 : 160g씩 분할하여 둥글리기를 하여 놓는다.
4. 중간발효 : 10~15분
5. 성형 : 밀대를 이용하여 길게 밀어 준 후 호밀 가루를 묻혀서 2개를 1팬에 넣어준다.
6. 패닝 : 반죽 2개를 1개의 틀에 넣어 준다.
7. 2차 발효 : 50~60분
8. 굽기 : 180℃ / 190℃에서 18~20분 굽는다.

호밀 더블토스트 식빵

호밀 식빵은 빵의 한 종류로, 밀가루, 물, 효모, 호밀을 반죽해 틀에 넣어 구운 덩어리 빵, 또는 그 덩어리 빵을 먹기 편하게 미리 잘라 놓은 빵이다.

식빵의 어원은 일본어의 쇼쿠판(食パン)이다. '빵' 앞에 '먹을 식(食)' 자가 붙은 것인데, 빵은 그 자체로 먹는 음식인데 왜 이런 이름이 붙었을까?

일본에서는 미술 학도들이 그림 지우는 용도로 사용하던 빵에 대응하여 실제로 먹는 빵을 쇼쿠팡이라 부르던 데서 나왔다는 설이 대표적이다.

그래서 1980년대 이전에는 한국에서도 나이 든 사람들 중엔 식빵을 쇼빵이라고 부르는 사람이 꽤 많았다.

호밀은 벼목 화본과(볏과)에 속하는 곡류의 일종으로 호밀빵, 크바스(호밀 맥주), 보드카의 주원료이다.

튀르키예의 아나톨리아와 러시아의 캅카스 주변 지역이 원산지로, 유럽과 아시아 북부 여러 지역에 전파되었고 특히 중유럽과 동유럽에서는 주요 작물로 재배되었다.

호밀은 밀과 비슷한 기후조건에서 생장할 수 있는데 밀에 비해 내한성이 엄청나게 강해 겨울에 파종해서 눈이 내려도 새싹이 눈 밑에서 자라고, 반대로 여름에는 엄청난 고온과 건조한 기후에도 끄떡없이 견디는 강한 내구력을 지니고 있다.

주로 재배되는 곳은 독일 동부와 러시아를 비롯한 동유럽이다. 이 지역은 늘 척박한데 동쪽 즉 러시아로 갈수록 더 척박해지고 추워진다.

특히 러시아는 대륙성 기후라서 겨울에는 춥고 여름에는 찌는 데다가 늘 물이 부족한 지역이다. 따라서 호밀은 이곳에서 구세주와 같은 작물이며 러시아 일대의 식량을 책임지는 작물이다.

Couscus salad and beef brisket

쿠스쿠스 샐러드와 차돌박이 전채요리

Ingredients / 재료

쿠스쿠스 40g, 차돌박이 70g, 올리브 오일 40ml, 건포도 20g
딜 2g, 식용꽃 1개, 건살구 20g, 발사믹크림 20ml
모둠 어린잎 20g, 파르메산 치즈 20g, 이탈리안 드레싱 30ml
소금, 후추, 처빌 2g, 빨강 파프리카 40g, 빨강 방울토마토 1알

Method / 조리법

1. 빨강 파프리카, 건살구, 건포도는 스몰 다이스로 자른다.
2. 모둠 어린잎은 찬물에 살려 준비한다.
3. 파프리카는 겉껍질을 벗겨 스몰다이스로 잘라 준비한다.
4. 끓는 물에 쿠스쿠스를 넣고 3분 정도 끓인 후 뚜껑을 덮고 5~6분간 따뜻하게 익힌다.
5. 팬에 차돌박이 살을 노릇하게 구워 준비한다.
6. 방울토마토는 6등분하여 준비한다.
7. 딜과 처빌은 거칠게 썰어 준비한다.
8. 믹싱볼에 볶은 채소, 쿠스쿠스, 건살구, 건포도, 이탈리안 드레싱, 소금, 후추로 양념하여 버무린다.
9. 접시에 쿠스쿠스 샐러드와 차돌박이를 층층이 예쁘게 쌓은 뒤, 위에 어린잎을 올려 발사믹크림을 뿌리고 파르메산 치즈로 장식하여 방울토마토를 곁들여서 마무리한다.

특이사항

1. 쿠스쿠스를 삶을 때 너무 퍼지지 않도록 주의하면서 삶는다.

딜

미나릿과의 향신료로 상쾌한 향, 매콤하며 달달한 맛을 지닌 허브이다. 해산물의 비린내 제거에 뛰어나 연어와 궁합이 잘 맞으며, 오이피클의 맛을 내거나 샐러드의 드레싱 등등 서양요리에서 다양한 용도로 쓰이며, 씨앗도 약재나 오일, 화장품의 원료 등으로 쓰인다.
딜이라는 이름은 스칸디나비아어의 '딜라(dilla)'라는 진정시키다, 달래다는 뜻의 어원에서 왔으며, 이처럼 진정효과, 최면효과, 구취해소, 소화촉진 작용이 있다고 알려져 있다.
생 딜은 잎이 연약해 수분이 있는 상태로 보관하면 곧 시들기에 수분을 제거하고 밀봉해 냉장보관하고 일주일 이내에 사용한다. 보관기간이 비교적 짧은 허브로 냉동하거나 그늘에 완전히 말려 두었다가 사용하거나, 식초, 포도주, 오일 등에 담가 두었다가 조리에 이용하기도 한다.

Saffron-flavored clear seafood Bouillabaisse soup

사프란 향의 맑은 해산물 부야베스 수프

Ingredients / 재료

중합조개 1개, 무 30g, 대파 20g, 마늘 10g, 청양고추 5g, 바지락 40g, 생표고버섯 20g
홍고추 10g, 빨강 파프리카 20g, 사프란 1g, 화이트와인 20ml, 주꾸미 1/2마리, 광어살 30g
중하 1마리, 바질 3g, 소금, 후추

Method / 조리법

1. 중합, 무, 대파, 마늘, 청양고추, 바지락, 물을 이용하여 조개육수를 낸다.
2. 사프란은 화이트와인을 이용하여 사프란 액을 만든다.
3. 표고버섯, 무, 마늘, 홍고추, 청양고추, 빨강 파프리카, 소금, 후추를 이용하여 수프 베이스를 만들어 준비한다.
4. 주꾸미, 광어살, 중합, 중하를 베이스 국물에 넣어 익힌다.
5. 사프란 액을 이용하여 베이스 국물을 노란색으로 만들어 준다.
6. 바질 슬라이스를 넣고 소금, 후추 간을 하여 마무리한다.
7. 마지막으로 프레시 바질 한 줄기를 장식하여 마무리한다.

특이사항

1. 수프의 색이 맑은 노란색이 되도록 한다.

바질

이탈리아 요리에 많이 사용하는 바질은 박하보다는 약하나 화하고 상큼한 향이 나며 약간의 매운맛과 신맛이 있는 허브채소로 서양요리뿐만 아니라 중국, 인도, 태국 등지에서도 음식과 차로 이용하고 있다. 건조시켜 사용하기도 하나 신선한 생잎으로 사용하는 편이 좋다.

잎이 커질수록 향이 강해지고, 생으로 샐러드에 과하게 넣을 경우 역해질 수 있으나, 가열하면 향이 약해지기 때문에 열을 가하는 음식에는 충분히 넣어야 바질의 향과 맛을 낼 수 있다. 토마토, 마늘, 가지, 치즈, 올리브유와 잘 어울리고 향이 있는 채소 음식과 비린내를 제거해야 하는 해산물 요리에 많이 이용하고, 이탈리아 요리의 파스타, 피자, 토마토소스, 바질페스토, 샐러드 드레싱 등에 사용한다. 생잎을 장기간 보관하기 위해 올리브 오일을 바르기도 하고, 잘 건조시켜 실온에 밀폐하여 보관하기도 한다.

주꾸미

일정하게 짧은 8개의 다리가 문어와 외관상 구별되는 특징 중의 하나인 문어과 해산물로 문어, 낙지보다 몸집이 작고 다리가 몸통의 두 배 정도 되며 세 번째 다리에 고리가 있고, 다리의 흡반이 뚜렷한 것이 신선한 주꾸미이다. 봄철 산란기의 주꾸미는 포도 모양의 알이 몸통에 가득 차 있어 삶으면 밥알처럼 익어 별미로 치나 개체 수가 많이 감소함에 따라 매년 5월 11 일부터 8월 31일까지 주꾸미 포획을 금지하고 있다.

문어나 오징어에 비해 육질이 질기지 않고 감칠맛이 있고, 신선한 것은 살짝만 데쳐서 먹고, 생물 주꾸미는 먹물도 같이 조리할 수도 있으며, 냉동한 것은 강하게 양념하여 고기와 같이 조리하기도 한다.
칼로리가 낮고 필수 아미노산이 풍부하고, 콜레스테롤을 낮추는 DHA 등의 불포화 지방산을 함유하고 있으며, 피로회복에 도움을 주는 타우린 함량이 낙지나 꼴뚜기보다 높다.

조개(대합)

조개의 여왕이라고 불리는 백합과의 고급 조개로 문합(文蛤)·화합(花蛤)·백합(白蛤)이라고도 하며 부드러우면서도 쫄깃하며 달착지근하고 풍부한 감칠맛을 가진다.
서양에서는 clam이라고 부르고 굴처럼 요리하거나 차우더 스튜나 튀김, 칵테일용 식재료로 사용하고 우리나라에서는 회, 죽, 국물 요리, 찜, 구이 등으로 조리한다. 모래가 섞인 펄에서 서식하는 것을 채취하기 때문에 조리 전에 해감을 뱉어내도록 미리 소금물에 담가 어두운 곳에서 모래를 제거하는 전처리 한 후에 조리해야 한다. 오랫동안 가열하면 살이 줄어들고 질겨지므로 껍질이 벌어지면 곧바로 불에서 내린다. 껍질로 최고급 바둑 흰 돌을 만들기도 한다.

Pork belly sous-vide with Gorgonzola cheese, Porcini mushroom risotto

고르곤졸라 치즈를 곁들인 삼겹살 수비드, 포르치니버섯 리소토

Ingredients / 재료

사과 40g, 계핏가루 0.1g, 주니퍼베리 10g, 세이지 2g, 앵커버터 50g, 포르치니버섯 10g, 쌀 40g
그라나파다노 치즈 10g, 화이트와인 식초 10ml, 화이트 트러플 오일 3ml, 생표고버섯 10g
전분가루 10g, 이탈리아 파슬리 2g, 샬롯 5g, 마늘 10g, 타임 1g, 처빌 3g, 엑스트라버진 올리브 오일 50ml
삼겹살 160g, 고르곤졸라 치즈 30g, 밀가루 15g, 황금팽이버섯 20g, 수경 토마토 20g, 소금, 후추

Method / 조리법

1. 삼겹살을 적당한 크기로 썰고 소금, 후추와 설탕 간을 하고, 마늘, 세이지, 버터, 주니퍼베리와 함께 진공 포장한다.
2. 68℃의 물에 60분간 수비드하여 익힌다.
3. 사과, 샬롯, 마늘, 계핏가루, 설탕, 화이트와인 식초를 이용하여 처트니를 만든다.
4. 포르치니버섯은 뜨거운 물에 불리고 그 물을 이용하여 쌀을 익힌다. 표고버섯과 익힌 쌀로 버섯리소토를 만든다. 마지막에 트러플 오일로 몽테하여 마무리한다.
5. 수경 토마토는 선드라이 하고, 황금팽이버섯은 버터구이 한다.
6. 고르곤졸라 치즈와 밀가루, 버터를 이용해 소스를 만든다.
7. 수비드된 삼겹살은 전분가루를 묻혀 기름에 살짝 튀긴다.
8. 플레이트에 버섯리소토를 먼저 올리고 삼겹살을 올린 후, 사과 처트니와 채소 가니시를 함께 곁들이고, 사과 처트니를 올려 마무리한다.

처빌

파슬리와 비슷해 보이나 후추, 고사리, 감초, 아니스 향이 살짝 나고, 약간의 머스크 향과 부드러운 맛을 가지고 있고, 미식가의 파슬리라고도 불리며 프랑스 요리 중에 수프나 스튜에 많이 쓰이며 오믈렛, 소스, 드레싱, 생선요리, 가금류와 육류요리 등에 사용한다.

주로 어린 잎을 요리에 사용하나 열에 향과 맛이 소실되기 때문에 조리할 때는 맨 나중에 넣는 것이 좋다.

피를 맑게 하고 소화작용, 진통, 소염작용과 더불어 피부의 진정효과가 있는 것으로 알려져 식초에 넣어두고 사용하기도 한다.

토마토에 관한 효능

토마토(tomato)는 세계 10대 슈퍼푸드 중 하나이며, 토마토의 빨간색을 나타내는 카로티노이드(carotenoid)계 색소 중 베타카로틴(β-carotene), 라이코펜(lycopene)은 항산화 효과가 뛰어난 성분이다. 그뿐 아니라 토마토에 함유된 비타민 C, 비타민 E, 셀레늄(Se) 등의 성분과 함께 항산화 작용이 매우 뛰어나 혈관을 부드럽게 만들어 준다. 즉, 토마토는 동맥경화를 유발하는 나쁜 콜레스테롤(LDL-cholesterol)이 혈액에 과잉 축적되는 것을 예방하고, 심혈관계 질환을 예방하는 효과가 뛰어나다. 토마토는 칼륨(K)이 많아 몸속에 염분을 배출시켜 주고, 토마토에 많이 함유되어있는 루틴(rutine)은 혈관을 튼튼하게 함으로써 혈압을 내리는 역할을 하므로 고혈압 환자에게 좋은 식품이다.

토마토는 파란색보다 빨간색을 띄는 것이 베타카로틴이나 라이코펜의 함량이 더 많으므로 완전히 빨갛게 익혀 먹는 것이 좋다.

그리고 이 성분들은 열을 가하면 토마토 세포벽 밖으로 빠져나오기 때문에 흡수가 더 잘 되고, 지용성 색소이기 때문에 기름에 볶아서 푹 익혀서 먹는 것이 체내 이용률(흡수율)을 증가시켜준다.

토마토에 들어있는 식이섬유는 대장 활동을 원활하게 하여 변비를 개선한다. 그리고 열량이 매우 낮아 다이어트에도 도움이 된다. 토마토 1개(300g)의 열량은 약 50Kcal에 불과하다.

토마토는 피부미용에 중요한 비타민이나 무기질이 풍부한데 특히 비타민 C가 풍부하여 자주 섭취하면 기미, 주근깨 예방에 도움이 된다.

디저트의 분류

디저트 분류는 크게 과일을 이용한 차가운 앙트레메(Entremets aux Fruit Froids), 과일을 이용한 더운 앙트레메(Entremets aux Fruit Chauds), 찬 앙트레메(Entremets Froids), 더운 앙트레메(Entremets), 아이스크림 즉 얼린 앙트레메(Glaces)로 나눌 수 있다.

1) 더운 디저트(Hot Dessert, Entremets Chauds)

더운 디저트는 조리방법에 따라 다음과 같은 조리법이 있다. 즉 오븐에 굽는 법, 더운 물 또는 우유에 삶아내는 법, 기름에 튀겨 내는 법, 팬에 익혀 내는 법, 알코올을 이용하여 플랑베(Flambees) 하는 법 등이 있다.

■ 플랑베(Flambees)

과일을 주재료로 해서 뜨겁게 만드는 디저트를 앙트레메라고 하는데, 과일에 설탕, 버터, 과일 주스, 리큐르 등으로 조리하는 것이다. 뜨거운 것과 찬 것을 조화시켜 손님 앞에서 직접 만드는 것으로 대부분 럼주를 따뜻하게 데워 그 위에 뿌리면서 프라이팬을 기울여 아랫부분에 대면 불꽃이 올라 붙는다. 바나나 플랑베, 피치 플랑베, 파인애플 플랑베, 체리 플랑베 등이 있다.

■ 그라탱(Gratin)

소스나 파이 반죽, 수플레 반죽으로 덮은 재료를 그 표면에 피막이 생길 때까지 오븐에서 구운 뜨거운 디저트를 그라탱이라고 하며, 보통 주재료인 과일을 올려놓고 그 위에 이탈리아식 소스인 사바용 소스(sabayon Sauce)를 올려 오븐에 구워 낸다.

그 위에 아이스크림 또는 셔벗을 올려 제공되기도 한다. 종류로는 로열 그라탱, 과일 그라탱 등이 있다.

■ 체리 쥐빌레(Cherry Jubilee)

체리를 이용하여 만든 디저트로 설탕, 버터, 체리 주스, 오렌지 주스, 리큐르 등을 사용하여 고객 앞에서 직접 플랑베 서비스한다. 고객에게 제공될 때는 바닐라 아이스크림과 함께 제공한다.

2) 차가운 디저트(Cold Dessert, Entremets Froids)

차가운 상태로 제공되는 디저트(cold dessert)로 푸딩, 무스, 아이스크림, 파르페, 과일, 셔벗, 젤리 등으로 나눌 수 있다.

■ 푸딩(Pudding)

푸딩은 커스터드 푸딩, 라이스 푸딩, 브레드 푸딩, 크리스마스 푸딩 등이 있다. 우유, 달걀, 설탕 등을 이용하여 만든 푸딩은 오븐에 넣을 때 팬에 물을 넣고 중탕으로 해서 굽는 것이 일반적이며, 구운 푸딩은 따뜻하고 다양한 소스와 함께 먹는다.

■ 무스(Mousse)

무스란 '어떤 액체 위에 생기는 거품, 생크림과 흰자로 만든 디저트 또는 앙트르메'를 의미한다.

즉 머랭을 강하게 쳐서 만든 생크림을 주재료로 하여 거품처럼 가볍게 부풀어 오른 크림, 혹은 이러한 크림으로 마무리한 과자에 해당한다.

무스의 종류에는 초콜릿 무스, 딸기 무스, 멜론 무스, 진저 무스, 복숭아 무스, 캐러멜 무스 등이 있다. 무스는 현대 양과자 중에서 가장 기본이 되는 냉과류이다. 무스의 바탕이 되는 기본 재료는 크게 세 가지로 나누어 볼 수 있다.

첫째는 노른자와 설탕을 기본 바탕으로 하는 무스로 우유와 과즙이 주요 수분 재료이며, 양주도 많이 쓰인다.

둘째는 흰자와 크림의 거품을 기본 바탕으로 과일을 필수적으로 사용하는 것이고,

셋째는 초콜릿을 기본 바탕으로 크림, 흰자, 노른자 등의 거품을 섞는 초콜릿 무스가 있다.

■ 젤리(Jelly)

젤리는 일반적으로 설탕 또는 설탕용액에 응고제를 넣고 냉각시켜 굳힌 부드러운 과자를 말한다. 응고제의 종류에는 젤라틴, 펙틴, 한천 등이 있다. 여기에 과즙이나 와인부터 홍삼추출물 등 첨가물을 더하여 다양한 맛을 낼 수 있다.

■ 아이스 수플레(Ice Souffle)

아이스 수플레는 두 가지 형이 있는데, 하나는 크림 앙글레이저와 생크림을 섞어 얼린 것이고 다른 하나는 이탈리안 머랭에 과즙과 생크림을 섞은 것이다.

종류로는 아이스 레몬 수플레, 아이스 오렌지 수플레, 아이스 산딸기 수플레 등이 있다.

■ 파르페(Parfait)

노른자에 시럽을 더하고 거품 올린 생크림과 양주 등을 섞은 고급 크림 반죽을 틀에 넣어 얼려서 만든다.

파르페의 종류로는 바닐라 파르페, 초콜릿 파르페, 커피 파르페, 녹차 파르페, 프랄린 파르페 등이 있다.

Blueberry Cookie

블루베리 쿠키

블루베리 쿠키 재료

버터 140g, 설탕 60g, 박력분 300g
베이킹파우더 14g, 생크림 150g, 달걀 60g
냉동 블루베리 30g, 건조 블루베리 100g

블루베리 쿠키 만드는 과정

1. 건조 블루베리는 럼에 전처리해 놓는다(하루 전에 건조 블루베리와 럼을 섞어서 랩으로 싸 놓는다).
2. 버터, 설탕을 섞어준다.
3. 박력분과 베이킹파우더를 체 친 후 ①에 넣고 천천히 섞어준다.
4. 달걀과 생크림을 반죽에 천천히 넣어 섞어준다.
5. 냉동 블루베리와 건조 블루베리를 넣고 섞어준다.
6. 비닐로 싸서 냉장고에 넣고 휴지시킨다.
7. 50g씩 분할하여 둥글리기한 다음 실리콘 패드 위에 패닝한다.
8. 짤주머니에 토핑 반죽을 담아서 짜준다.
9. 오븐온도 185℃에서 18~23분간 굽는다.

토핑 재료

생크림 100g, 설탕 400g

토핑 만드는 과정

1. 볼에 설탕과 생크림을 넣고 가볍게 섞는다.

Mandarin Mousse
만다린 무스

만다린 무스 재료

만다린 퓌레 250g, 노른자 90g, 설탕 125g, 물 45g, 젤라틴 10g, 생크림 280g

필링 재료

설탕 8g, 글로코스 15g, 펙틴 6g, 만다린 퓌레 130g, 레몬 주스 10g

만다린 무스 만드는 과정

1. 냄비에 설탕, 물을 넣고 116℃까지 끓인다.
2. 노른자를 저어주면서 끓인 시럽을 부어준다.
3. 얼음물에 불린 젤라틴을 짜서 섞어준다.
4. 만다린 퓌레와 섞어준다.
5. 생크림을 휘핑하여 두세 번에 나누어 섞는다.
6. 준비된 몰드에 반죽을 40% 채운다.
7. 냉동실에서 조금 굳힌 다음 필링을 채워준다.
8. 반죽을 필링 위에 다 채운 다음 냉동실에 넣는다.
9. 굳으면 빼서 만다린 글라사주로 코팅한다.

필링 만드는 과정

1. 물엿, 만다린 퓌레, 레몬 주스를 넣고 끓인다.
2. 설탕, 펙틴을 섞어서 조금씩 넣으면서 저어준다.

3) 과일 디저트(Fruit Dessert)

최근 고객들이 건강에 대한 관심이 높아지면서 설탕과 유지가 많이 함유된 디저트보다 칼로리가 낮고 유지류가 적게 함유된 디저트를 선호함에 따라 과일은 그 자체만으로도 충분히 매력적인 디저트가 된다. 코스요리가 끝난 후 마지막에 디저트로 제공되는 과일 한 조각은 고객들에게 상쾌한 맛을 느끼게 해준다.

하지만 과일을 조금만 변화시켜 시럽에 조리거나 크림을 바르거나 소스와 함께 제공할 때 고객은 더 만족스러운 디저트를 맛볼 수 있다.

■ 베녜(Beignets)

영어로 프리터(Fritters)라고 하며 가장 쉽게 표현하면 과일을 반죽에 싸서 기름에 튀겨내는 앙트르메라고 한다.

고객에게 서비스를 제공할 때 윗면에 슈거파우더를 뿌리고 바닐라 소스를 곁들인다. 많이 사용되는 과일로는 파인애플, 사과, 배, 복숭아 등이 있다.

■ 콩포트(Compote)

콩포트란 간단하게 정의하면 시럽에 익힌 과일을 말한다.

바닐라 빈, 시나몬 같은 향신료와 오렌지 껍질 또는 레몬 껍질, 설탕을 넣고 만든 시럽에 과일을 넣고 삶아 식힌 것이다.

콩포트는 디저트로 제공되기도 하고 케이크 속에 다져서 넣거나 타르트 속에 충전물로 사용하기도 한다. 호텔에서는 아침식사, 연회행사에도 제공된다.

■ 마멀레이드(Mamelade)

오렌지나 레몬과 같은 감귤류의 과육과 과피를 설탕에 조려서 만든, 쓴맛과 신맛이 나는 잼의 한 종류이다. 특히 감귤류 껍질 속의 펙틴질이 점성도를 내는 데 중요한 역할을 하므로, 펙틴의 양이 적을 때는 펙틴 파우더 등을 첨가하기도 한다.

과육의 흰 부분을 많이 쓰면 신맛과 쓴맛이 강해지고, 껍질을 많이 사용하면 신맛이나 쓴맛이 줄고 단맛이 강조되며, 젤리가 투명할수록 좋은 평가를 받는다.

마멀레이드는 당분이 많고 산 성분이 있으므로 쉽게 변질되지 않아 오래 보관할 수 있다. 식빵에 발라 먹거나 샐러드에 곁들이는 외에도 제과 · 제빵의 부재료로 많이 사용한다.

프티푸르(Petits Fours)

프티푸르(Petits Fours)란 불어로 'Petit'는 작다는 뜻이며 'Four'는 오븐에서 구운 과자라는 의미이다. 일반적으로 한입에 먹을 수 있는 크기의 작은 과자를 말하며, 고기요리의 후식으로 차와 함께 세트로 제공되는 전통 과자라 할 수 있다. 프티푸르는 프티푸르 세크(Petits Fours Secs)와 프티푸르 글라세(Petit Fours Glaces)로 크게 분류된다. 프티푸르 세크는 건과자로서 슈거도 제품, 머랭 제품류, 퍼프 페이스트리류, 아몬드 반죽, 쇼트 페이스트리류, 사블레류 등 대체로 고급 건과자류에 속한다. 프티푸르 글라세는 제누아즈 시트에 잼을 발라 얇게 샌드해서 퐁당이나 초콜릿을 코팅하여 프렌치 페이스트리를 만드는 것을 말한다. 슈 페이스트리류, 제누아즈류, 작은 타르틀레트류 등이 있다. 프티푸르의 종류에는 쇼콜라 슈니덴, 홀랜다이즈, 봄베타, 화이트 프티푸르 등이 있다.

디저트 장식

식사의 마지막을 장식하는 디저트(dessert decoration)는 파티시에들이 더욱 맛있고 화려하게 만들기 위해서 끊임없이 연구하고 개발한 결과, 많은 변화를 거쳐 왔다. 파티시에는 디저트 메뉴를 만들 때 균형과 즐거움을 제공하는 디저트 플레이팅을 하며, 셰프의 생각을 반영하면서 식사하는 장소의 특징, 행사의 성격을 종합하여 특징적 인상을 주기도 한다. 이 과정에서는 창조적 아이디어와 균형, 절제, 조화를 항상 생각해야 한다.

접시 위에서 각 요소들의 색깔과 공간이 모두 어울리도록 장식을 결정하고 아름답게 배치해야 하므로 케이크, 무스 등을 만드는 것과는 전혀 다른 감각과 노력을 요구한다.

디저트 플레이팅은 메인 디저트, 장식, 소스가 어울리도록 미리 종이에 스케치를 해보고 진행하면 많은 도움이 된다. 19세기 음식백과사전 집필자 Mrs. Beeton은 만약 식사의 과정에 시(詩)가 있다면 바로 디저트 안에 있다고 말했다고 한다.

간결함 속에 함축된 맛과 아름다움을 접시에 그리라는 뜻이다. 흔히 '디저트는 눈이 먼저 먹는다'는 말이 있다. 고객의 눈에 확 들어와야 한다는 의미이지만, 디저트의 핵심은 맛이 있어야 한다.

맛과 향에서 가장 중요한 것은 재료이다. 최상의 재료는 품질을 높이고 디저트의 가치를 다르게 한다.

좋은 재료를 이용하여 만든 디저트에 장식을 할 때 어디까지 할지는 항상 문제가 된다. 장식이 없다면 허전해 보이고 지나친 장식은 디저트의 맛과 향을 반감시킨다.

경험이 많은 파티시에는 많은 장식 없이 그 자체만으로도 훌륭한 디저트가 된다는 것을 알기 때문에 심플하게 한다.

때에 따라서는 장식이 단순할 때 더 좋은 디저트가 될 수 있다.

Wine Marriage (와인 마리아주) Tip!

Santa Rita Triple C

산타 리타, 트리플 C

www.santarita.com
*국가/생산지역: 칠레 〉 마이포밸리
*품종: 카베르네 소비뇽, 카르미네르, 카베르네 프랑
*알코올: 14.2%

1880년 알토 하우엘(Alto Jahuel) 지역에서 시작되는 산타리타(Santa Rita) 와이너리는 3개의 레드 품종인 카베르네 프랑, 카베르네 소비뇽, 카르미네르를 블렌딩하여 '트리플 C'라는 이름이 붙은 와인이다. 칠레의 독립투사 120명을 기리는 의미로 생산한 120 시리즈 와인은 패션, 음악 등 다양한 콘텐츠와 협업을 통해 트렌디하게 20~30대를 겨냥하였고, 리저브/메달야 레알 시리즈는 '왕의 메달'로 대변되는 최고 품질의 와인을 합리적인 가격에 제공하여 30~40대 와인 애호가들에게 많은 인기를 누리고 있다.

트리플 C는 카베르네 프랑, 카베르네 소비뇽, 카르미네르 3개 품종을 블렌딩한 와인으로, 이들의 머리글자 'C'를 따서 이름 지었다. 이 와인은 깊고 강렬한 루비색을 띠고 있으며 잘 익은 검붉은 과실, 블랙커런트, 시나몬, 스파이시한 향, 미네랄, 바닐라, 담배와 초콜릿 향을 지니고 우아하고 단단한 타닌과 균형 잡힌 산도를 갖추었다. 완벽한 구조감을 지닌 트리플 C는 바로 마시기에도 좋지만 숙성 잠재력이 큰 와인이라고 할 수 있다.

Wines from Chile are maybe the best on the world, we can see the vineyards at Casablanca, Valparaiso, thousands and thousands of grapes growing creating rows over the infinity land on an awe landscape

Beautiful reflection of Putra Mosque in the lake during blue hour

북아프리카 쿠스쿠스

쿠스쿠스는 동글동글한 작은 입자 모양의 식재료로 북아프리카의 모로코, 알제리, 튀니지에서 주식으로 먹는다. 낮은 칼로리로 인하여 다이어트 식재료로도 많이 활용된다. 이제 쿠스쿠스와 관련이 깊은 북아프리카로 여행을 떠나보자.

모로코

모로코는 스페인 건너에 위치하며 인구는 3,777만에 수니파 무슬림교가 98.7%인 입헌군주제 국가로 국왕이 존재한다. 카사블랑카는 모로코 외화 수입의 80%를 차지하며 사경제(私經濟)는 프랑스인들이 움직인다.

모로코의 날씨는 온도 편차가 심해서 갑자기 더워지기도, 추워지기도 한다. 따라서 여행 시 옷을 잘 챙겨가야 한다.

한편, 전통적인 문화와 예술, 생활양식이 잘 보존되어 있어서 행사나 축제를 체험하기 좋은 지역이고 평소의 이미지와 다르게 승마, 골프, 수상스포츠, 항공스포츠까지 다양한 레저를 즐길 수 있다.

카사블랑카

모로코의 최대 상업도시인 카사블랑카를 방문하면 보통 하산 2세 모스크를 많이 찾는데, 이는 세계에서 두 번째로 큰 종교 건물로서 25,000여 명을 수용할 수 있다. 거기에 뉴 메디나와 올드 메디나 거리를 거닐며 근대와 오래된 역사도 느낄 수 있다.

고대도시인 마라케시도 9세기에 베르베르인이 건설한 건물과 도시의 모습을 볼 수 있어서 생활양식과 문화가 다른 아시아인에게 인기가 많은 관광지 중 하나이다. 이곳에서 프랑스 예술가 자르뎅 마조렐이 만든 마조렐 정원, 19세기 왕족의 궁전인 바히아 궁전, 77m 뾰족한 첨탑으로 유명한 쿠투비아 모스크, 그리고 입생로랑 박물관도 만나 볼 수 있다.

알제리

다양한 기후에다가 독특한 자연 환경까

지 지닌 나라로 로마 유적지를 포함하여 관광자원이 풍부하다.

그러나 개발이 미흡하고 관리가 부실하다 보니 여행객에게 실망을 안겨주는 경우가 많다. 수도인 알제는 오토만 튀르키예가 건설하였고 전통적 도시유적과 고대 모스크, 성채와 오토만 저택 궁전 등의 유적이 남아 있다. 지중해의 파란 바다와 알제의 하얀 건물이 아름다운 조화를 이룬다.

알제 주변 지역에서는 15,000명을 수용할 수 있는 초대형 원형경기장, 규모 130×72m 크기로 1세기 때 건축된 로마극장이 있다. 70ha 에 달하는 티파자 로마 유적지에서부터 모리타니아 왕릉을 비롯하여 토착민 기념물, 비잔틴, 초기 그리스도교, 로마, 페니키아인들의 유적이 복합적으로 산재해 있어서 1982년 UNESCO의 세계문화 유산으로 등재되었다.

View of Notre Dame d'Afrique, a Roman Catholic basilica in Algiers, the capital of Algeria

시칠리아섬 근처

튀니지공화국은 이탈리아의 시칠리아섬의 남서쪽에 있고 국토의 약 40퍼센트가 사하라 사막이다. 튀니지공화국은 1956년 3월 20일에 프랑스로부터 독립하였으며 로마시대에는 '빵 바구니'라고 불릴 정도로 지금까지 곡창지대의 역할을 하고 있다. 아름다운 해변과 일광욕하기 적당한 햇빛, 그리고 로마 · 카르타고 · 반달의 문화유적 등이 있어서 관광객들이 많이 방문한다. 거기에 아랍 · 이슬람 문화 건축들도 많은 볼거리도 제공한다.

카이라완 대성원과 자이투나 대성원이 인기 관광지이며, 남부 사막에서는 푸른 오아시스와 드넓은 소금호수가 있어 사막에서의 삶을 새롭게 경험할 수 있다. 더불어 제브라섬에는 세계에서 가장 오래된 유대교 성전이 있다.

City panorama. Casablanca, Morocco. Africa

인재들의 꿈을 응원합니다!

장학제도

SCHOLARSHIP

교내 장학금

종 류		지급기준
신입생 성적 우수 장학금	신입생 전체수석	입학성적사정결과 전체수석자에게 지급
	신입생 학과수석	입학성적사정결과 학과별 수석자에게 지급
	신입생 성적우수	입학성적사정결과 학과별 성적우수자에게 지급(등록인원대비 9%)
재학생 성적 우수 장학금	학과수석	직전학기 성적이 각 학과별 수석자에게 지급
	학과성적우수	직전학기 성적이 각 학과별 우수자에게 지급
	일반성적우수	
복지 장학금	기초생활수급자	기초생활 수급자 대상 타 장학금 포함 등록금 범위 내의 전액 장학금 지급
	저소득층	가정사정이 어려우며 품행이 방정하고 모범이 되는 자에게 지급
공로장학금		총학생회, 대의원회 등 학교발전에 공로가 있다고 인정되는 자에게 지급
문화장학금		방송국, 학보사등 학교발전에 공로가 있다고 인정되는 자에게 지급
교직원가족장학금		본교 재직중인 교직원 가족으로서 성적이 우수하고 타의 모범이 되는 자에게 지급
보훈장학금		국가보훈대상자, 광주민주화유공자 및 자녀로서 교육보호대상자에게 지급
북한이탈주민장학금		북한이탈주민 및 그 자녀로서 교육보호대상자에게 지급
근로장학금		교내·외 기관에서 근로봉사를 하는 학생에게 지급
학과추천장학금		학업성적이 우수하고 타의 모범이 되는 학생 중 지도교수(학과장)이 추천한 학생에게 지급
특별장학금		규정된 장학금 이외에 지급이 필요하다고 인정되는 학생에게 지급
글로벌장학금		성적이 우수한 자로서 해외연수 유학 등 학업에 관련된 목적으로 대학에서 선발된 학생에게 지급

교외 장학금

종 류	지급기준
국가 장학금 Ⅰ, Ⅱ 유형	높은 수준의 대학등록금으로 인한 가계부담 완화 대책의 일환으로 한국장학재단에서 저소득층 학생에게 지급하는 장학금
기타 국가장학금	희망사다리(Ⅰ, Ⅱ 유형), 전문기술인재 장학금 등 한국장학재단에서 지급하는 장학금
입학금감축지원장학금	입학금을 납부하는 신입,편입,재입학생에게 지급하는 장학금
의용소방대자녀 장학금	의용소방대 자녀로서 학업성적이 우수하고 타의 모범이 되는 학생에게 지급
기타 외부 장학금	기타 기부금등으로 지급하는 장학금

장학금 지급률

※ 연도별 장학금 지급율 및 1인당 장학금

연도	장학금 지급율	1인당 장학금
2019	60.7%	3,872,000원
2020	60.9%	3,917,600원
2021	63.5%	4,054,100원
2022	60.1%	3,808,800원

탄탄한 역량을 갖춘 인재로의 성장!

자격증/취업경쟁력 강화

CERTIFICATE

취업 시 필요한 **자격증**을 재학 중에
취득할 수 있도록 다양한 자격증 **취득 프로그램**을 운영

관광

· 관광통역안내사
· 관광통역안내원
· 국내여행안내사
· 국외여행인솔자(TC)
· 서비스 경영자격(SMAT)
· 항공예약발권(CRS)
· 해외여행인솔자(TC)
· 호텔서비스사
· 호텔관리사

IT

· GTQ
· ITQ자격
· MOS
· 워드프로세서
· 웹디자인기능사
· 웹운영관리사
· 컴퓨터그래픽 운용기능사
· 컴퓨터활용능력

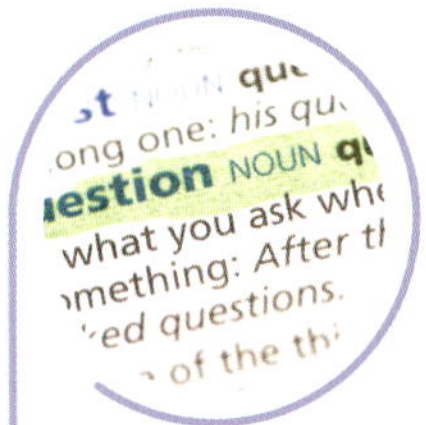

어학

· TOEIC
· OPIc
· JPT
· JLPT
· HSK
· 실용한자(상공회의소)

외식·조리·제빵

· 조리 기능사
· 바리스타
· 소믈리에
· 카빙데코레이션
· 한식조리산업기사
· 식품위생사
· 초콜릿마스터
· 케이크디자이너
· 슈가크래프트
· 베이커리 위해 요소 관리사

레저·스포츠

· 레크리에이션
· 캠핑지도사
· 퍼스널트레이너

취업경쟁력 강화 프로그램

1 취업 준비 프로그램

직업흥미 및 적성검사
진로지도 상담 등

2 취업 지원 프로그램

잡카페 운영·진로컨설팅 프로그램
국내·외 인턴제 프로그램
미취업자관리 프로그램 등

3 경력 관리 프로그램

맞춤형 취업 컨설팅, 전공자격증,
취업캠프, 창업캠프, 관광창업공모전,
기업가정신특강 등

4 해외취업 지원 프로그램

해외인턴십
글로벌 현장학습 등
파란사다리 사업

Chapter 7_한국관광대학교 참여교수

호텔조리과
류정열 교수 (메인요리)

호텔제과제빵과
오동환 교수 (식전빵)

호텔제과제빵과
이재진 교수 (디저트)

호텔조리과
주향란 교수 (식재료, 영양)

호텔조리과
이은경 교수 (식재료)

외식경영과
김준원 교수 (와인)

관광경영학과
이 황 교수 (관광지)

The story of a

Patissier&Chef

CHAPTER

07

Primavera Frittata with Parma Ham and Spinach

Minestrone of Milanese with Beans and Pasta

Saltimbocca of Romana with Prosciutto

바게트

~~~~~~~

Ingredients / 재료

강력분 1000g, 이스트 25g, 개량제 10g
소금 20g, 맥아 4g, 물 670~680g

Method / 조리법

1. 모든 재료를 넣고 90%까지 믹싱한다.
2. 1차 발효 : 30분에서 펀치 후 20~30분 발효한다.
3. 분할 : 320~330g씩 분할하여 접어서 준비한다.
4. 중간발효 : 10~15분
5. 성형 : 55cm 접어서 밀어 펴준다.
6. 패닝 : 편포를 이용해서 바게트를 발효한다.
7. 2차 발효 : 50분
8. 굽기 : 230℃ / 220℃에서 15분 스팀 분사 후 210℃ / 210℃에서 10~15분(5개 모양이 되도록 칼집 내기) 굽는다.

바게트

프랑스를 대표하는 빵이면서도 어디서든 쉽게 접할 수 있는 일반적인 빵이다. 바게트(baguette)는 프랑스어로 '막대기, 지팡이'를 의미한다. 바게트의 가늘고 긴 모양을 따서 이름이 붙여진 것이다. 바게트는 종류가 다양한데 무게와 길이, 모양에 따라 되 리브르, 파리지앵, 바타르, 플뤼트, 피셀, 불, 샹피뇽, 팡뒤, 쿠페, 타바티에르로 나뉜다.
원래 유럽에서 주식용 빵은 캉파뉴였다. 캉파뉴는 둥근 빵인데 제조과정이 까다롭고 익히는 데 시간이 오래 걸렸으며 크기가 한 집이 일주일간 먹을 수 있을 정도로 너무 컸고 딱딱해서 먹기가 매우 불편했다. 따라서 바게트가 개발되고 나서는 자연스럽게 바게트를 주식용 빵으로 먹게 되었다.
우리나라에서는 매끼 밥이 나오듯이 프랑스에서는 바게트가 매끼 식사마다 나온다. 아침에는 수프에 찍어 먹고 점심에는 잼을 발라 먹고 저녁에는 메인요리의 소스에 찍어 먹는 식이다. 이렇게 소비되는 바게트가 1년에 약 100억 개라고 한다. 프랑스 인구가 6,000만임을 볼 때 프랑스인은 하루에 바게트 반 개씩은 먹는 셈이다. 1900년대 초에는 하루 소비량이 한 사람당 평균 3개 이상, 1970년대에는 1개였던 것에 비하여 많이 줄어들었지만, 프랑스에서 판매되는 빵의 70%는 바게트가 차지하고 있다.
프랑스인의 바게트 사랑은 빵집 주인이 여름 휴가도 자유롭게 떠나지 못하게 만들었다.
프랑스는 여름 휴가를 최소 1달 이상씩 떠나는데 얼마 전까지만 해도 빵집 주인은 예외였다. 빵집이 한꺼번에 문을 닫으면 시민들이 쫄쫄 굶는 사태가 발생하므로 빵집 주인들은 관할 경찰서에 휴가를 미리 신고하여 다른 빵집들과 일정을 조율했다고 한다.
프랑스에서 '전통 바게트'라고 불리려면 프랑스 식품법에서 정한 규격을 지켜야 한다. 즉, 무게 280g, 길이 67~68cm를 충족해야 하며 재료도 밀가루, 소금, 물, 효모만으로 만들어야 인정된다.
특히 효모도 전통 효모를 넣어야 하는데 이 경우에 발효 시간이 엄청나게 늘어난다.
전술한 것처럼 바게트의 재료는 간단하지만 제대로 만들기는 꽤 어렵다.
일반 바게트의 원료 배합률은 밀가루의 무게가 100일 때, 물 60, 소금 2, 이스트 2.5인데 현대에 들어 밀가루의 성분이 변한 점을 고려해 필요에 따라 엿기름을 넣는다. 다만, 바게트에 달걀, 유제품, 오일은 어느 경우에도 허용되지 않으며, 첨가하면 바게트로 인정받지 못한다.
한국산업인력공단이 주관하는 제빵기능사 실기시험에서 규정한 바게트 제조법은 다음과 같다. ① 모든 재료를 넣고 24℃로 반죽하여 70~120분 동안 1차 발효를 진행한다. ② 200g 크기로 분할하여 반죽 표면을 매끄럽게 둥글리기 한다. ③중간 발효를 15~30분 동안 진행하며 이때 껍질이 건조하지 않도록 주의한다. ④ 반죽을 일정한 두께로 밀어 펴는데 가스를 완전히 빼지 않도록 한다. ⑤ 3번 접기를 한 후 막대 모양으로 빚어 철판에 올려놓고 50~70분 동안 2차 발효를 한다. ⑥ 실온에서 표면을 건조한 후 칼집을 평행하게 넣는다. ⑦ 오븐에 넣고 2~3초간 스팀을 준 후 30분 동안 굽는다.
바게트는 껍질이 딱딱해서 잘못 베어 먹으면 입천장에 상처를 입을 수 있다. 그런데 프랑스인들은 바게트를 조금씩 떼어 껍질을 안으로 접어서 부드러운 살이 겉으로 나오게 하여 먹는다. '프렌치토스트'를 만들어 먹는 방법도 있다.
우리나라는 식빵으로 만들지만, 원래는 길게 잘라낸 바게트를 달걀물에 적셔서 구워 먹는 것이다. 이름에 '프렌치'가 들어가는 이유가 이것이다. 요즘에는 프랑스에서도 껍질이 부드러운 바게트가 선호되는 쪽으로 소비자의 기호가 변화되어 오븐에서 굽는 시간을 줄인 화이트 바게트를 판매하고 있다.

~~~~~~~

Primavera Frittata with Parma Ham and Spinach

파르마햄과 시금치를 곁들인 프리타타

Ingredients / 재료

달걀 4개, 파르마햄 20g, 시금치 60g
마늘 5g, 양파 10g, 블랙올리브 5g
루콜라 10g, 생크림 30ml, 버터 10g
파르메산 치즈 5g, 올리브 오일 10ml
발사믹 글레이즈 10g, 소금, 후추

Method / 조리법

1. 시금치와 파르마햄은 길이로 길게 준비하고, 마늘과 양파는 스몰다이스로 썰어 준비한다.
2. 볼에 달걀을 풀어 생크림, 파르메산 치즈, 소금, 후추를 넣어 준비한다.
3. 올리브 오일을 두른 팬에 마늘, 양파를 볶다가 데친 시금치, 파르마햄, 블랙올리브, 소금, 후추를 넣고 볶아준다.
4. 버터를 추가하여 준비된 ②를 넣고, 스크램블을 한다.
5. 달걀이 반쯤 익었을 때 파르메산 치즈를 뿌려서 살라만더로 색나게 익힌다.
6. 살짝 식은 프리타타를 모양 있게 잘라서 접시에 보기 좋게 담고, 루콜라와 발사믹소스를 곁들여 완성한다.

루콜라

이탈리아에서 많이 사용하는 채소로 프랑스에서는 로케트(roquette), 영국에서는 아루굴라(arugula)라고도 불린다. 쌉쌀하고 고소한 맛과 톡 쏘는 향이 있으며, 생으로 먹었을 때의 매운맛과 쓴맛은 가열하여 조리하면 사라진다. 순한 맛의 채소 샐러드에 넣어 먹거나 무거운 고기요리, 파스타, 피자의 토핑으로 곁들여 먹는다. 잎과 꽃 모두를 먹을 수 있는데, 꽃은 차로도 마실 수 있고, 잎은 쌈채소로도 이용할 수 있다. 파르메산 치즈와도 잘 어울린다. 꽃이 핀 이후에는 잎이 억세지나 머스터드와 같은 톡 쏘는 향과 특유의 쌉쌀한 맛은 강해진다.

시금치에 관한 효능

시금치(spinach)는 세계 10대 슈퍼푸드 중 하나로서 다양한 비타민이 골고루 들어있고, 보혈강장 효과가 있어서 어린이나 임산부에게 더욱 좋은 알칼리성 식품이다. 특히, 비타민 A는 채소 중에서 가장 많고, 비타민 B_9(엽산, folic acid) 또한 다른 채소보다 5배 정도 많다. 시금치나 당근 등의 녹황색 채소를 매일 먹는 사람은 위암 발생률이 약 35%, 대장암 발생률은 무려 40%나 감소된다는 보고가 있다. 특히 시금치에 많이 함유된 비타민 B군 중 엽산과 카로티노이드는 폐암 예방에 효과가 있다.

시금치에 들어있는 사포닌과 식이섬유는 장의 기능을 활성화하고, 변비와 대장암을 예방한다. 시금치는 오래 삶거나 끓이면 그 과정에서 베타카로틴이 삶는 물에 유출되어 버리고 유기산에 의해 비타민 C가 파괴되므로 효과가 상당히 없어진다.

따라서 끓는 물에 살짝 데쳐 먹는 것이 좋고, 올리브 오일에 살짝 볶아 먹으면 지용성 비타민인 비타민 A의 체내 흡수율이 훨씬 증가하게 된다.

시금치에는 항암 작용을 하는 여러 가지 성분, 즉 β-카로틴(β-carotene), 루테인(lutein), 비타민 C, 비타민 E, 식이섬유 등이 풍부하게 함유되어 있다. 특히, 비타민 A의 전구체로 베타카로틴(β-carotene)이 매우 풍부하게 함유된 식품이고, 이 성분은 카로티노이드의 대표 색소 성분으로서 항산화 작용이 매우 뛰어나다.

이 작용은 심혈관 질환인 동맥경화나 폐암의 예방에 효과적이며 지용성 성분으로서 기름과 함께 섭취하면 체내 이용률이 증가하게 된다

시금치는 엽채류로서 잎에 비타민 C가 많이 함유되어 감기 예방 및 피로 회복 효과가 있다. 뿌리의 붉은 부분에는 조혈 성분인 단백질, 망간(Mn), 구리(Cu), 철분(Fe)이 풍부하게 함유되어 있어 빈혈 예방에 도움이 된다. 단, 오랜 기간 과잉 섭취하여 수산이 체내의 칼슘과 결합하면 신장이나 방광에 결석이 형성될 수 있으니 주의해야 한다. 그러나 하루에 500g 이상 섭취하지 않으면 괜찮으므로 우리가 보통 섭취하는 분량으로는 안심해도 된다.

Minestrone of Milanese with Beans and Pasta

콩과 파스타를 곁들인 밀라노식 미네스트로네

Ingredients / 재료

양파 30g, 당근 20g, 셀러리 15g, 감자 20g, 마늘 5g, 토마토 10g, 브로콜리 20g, 푸질리 10g 키드니빈 5g, 바질 2g, 이탈리안 파슬리 3g, 화이트와인 20ml, 치킨스톡 250ml, 월계수잎 1장 소금, 후추

Method / 조리법

1. 토마토는 콩카세하고 모든 채소는 다이스 형태로 썰어 준비한다.
2. 브로콜리도 데쳐서 같은 다이스 크기로 썰어놓는다.
3. 푸질리는 소금을 넣은 끓는 물에 6분 정도 삶아 놓는다.
4. 팬에 올리브 오일을 두르고 마늘, 양파, 당근, 셀러리를 투명하게 볶다가 감자를 넣고 볶아준다.
5. 재료가 볶아지면 화이트와인으로 향미를 더하고, 준비된 육수를 붓고 푸질리와 키드니빈, 바질, 소금, 후추, 월계수잎 1장을 넣어서 뭉근하게 끓여준다.
6. 거의 완성될 즈음 토마토 콩카세와 브로콜리를 넣고, 조금 더 끓이다가 이탈리안 파슬리와 소금, 후추 간을 더하여 수프를 완성한다.
7. 월계수 잎은 꺼내어 볼에 담는다.

토마토

남미 페루가 원산지인 토마토는 유럽의 이탈리아, 스페인으로 전해졌고, 동양에서는 남만시, 일년감 등의 이름으로 관상용에서 식용으로 밭에 재배하게 되었고 서양에서는 채소로 인식되고 있다. 특히 이탈리아 요리에 많이 들어가며 이탈리아어로 '황금 사과'라는 뜻의 포모도로(pomodoro)라고 불리기도 한다.

과육이 단단하고 치밀해야 하고, 크기에 비해 무거우며 붉은색이 선명하며, 꼭지는 선명한 초록색을 띠는 것이 좋은 토마토이다. 수확 후 후숙을 거쳐 점차 붉은색으로 변하지만 충분히 익은 토마토를 수확하는 것이 맛도 좋고 영양소도 좋은 편이다. 색이 붉을수록 강력한 항산화 물질인 라이코펜의 함량이 많으며 이 라이코펜의 흡수를 높이기 위해서는 가열조리하는 것이 좋다. 주스, 케첩, 퓌레, 소스, 통조림, 건조품 등으로 가공되어 서양요리에 많이 쓰인다. 잘 익은 토마토는 특유의 감칠맛이 있고 새콤달콤한 맛이 난다. 서양에서는 파스타, 고기요리 및 카레, 소스 등의 열을 가하는 음식에 여러 양념들과 함께 쓰이는 경우가 많고 샌드위치나 햄버거에 넣어 먹는 경우, 샐러드 정도에만 생으로 이용하는 것이 대부분이다.

브로콜리

'녹색 꽃양배추'라고도 불리는 브로콜리는 서양에서는 살짝 데쳐서 샐러드, 수프, 스튜, 파자, 리 등에 사용하고 우리나라에서는 데쳐서 초장이나 장아찌, 볶음요리 등에 한다. 생으로 먹으면 약간 쓴맛이 나나 데치면 약간 달큰한 맛이 나며 가열하여도 특유의 아삭한 질감이 살아 있고 쉽게 물리지 않아 이용하기 좋다.

항암식품으로 잘 알려져 있고, 비타민 C와 E, 칼슘, 엽산이 매우 풍부하며, 송이보다는 줄기에 영양소가 많다고 알려져 있으며 파워푸드, 슈퍼푸드로 각광 받고 있다.

녹색이 선명하고 진하며 봉오리가 단단하고 잘 아물어 있는 것이 좋은 것이다. 저온으로 보관하지 않으면 변색되고 꽃이 피기 때문에 냉장보관하고 꽃봉오리를 물에 잠시 담가두어야 벌레와 흙이 떨어져 나온다. 단단한 줄기 부분은 껍질은 벗기고 식용하는 것이 덜 질기며, 줄기부터 소금물에 살짝 데치거나 5분 이내로 증기에 찌는 것이 색과 영양소 보존에 좋은 전처리법이다.

Saltimbocca of Romana with Prosciutto

프로슈토 햄으로 만 로마식 살팀보카

Ingredients / 재료

송아지 안심 140g, 프로슈토 햄 20g, 세이지 1g, 버터 30g, 화이트와인 50ml, 적양파 50g
느타리버섯 40g, 루콜라 10g, 올리브 오일 50ml, 소금, 후추

Method / 조리법

1. 송아지 안심은 손질하여 70g으로 2개를 준비하여 밑간을 한다.
2. 적양파는 얇게 슬라이스하고, 느타리버섯은 도톰하게 썰고, 루콜라는 깨끗이 씻어 물기를 제거한다.
3. 프로슈토는 안심 크기에 맞게 적당한 크기로 자른다.
4. 송아지 안심조각을 접시에 놓고, 그 위에 세이지 잎을 하나 놓고 프로슈토를 올린 다음, 다시 넓은 세이지 잎을 올려 꼬치를 꽂아 고정한 후 으깬 통후추를 뿌려준다.
5. 팬에 버터를 두르고 양파와 느타리버섯을 볶다가, 루콜라를 넣고 잠시 더 볶은 뒤 소금, 후추로 간한다.
6. 팬에 버터를 둘러 가열한 후 고기의 앞뒤를 엷은 갈색이 나도록 구우면서 약간의 소금, 후추로 간하여 접시에 담는다.
7. 팬에 남은 주스에 화이트와인을 넣고 졸이면서 버터 2큰술과 소금, 후추로 간을 맞춰 살팀보카 위에 뿌린다.
8. 주변에 볶은 버섯과 샐러드를 곁들인다.

세이지

강장작용, 살균, 소독작용, 소염작용, 통증 억제 작용 등 거의 만병통치의 효능을 지닌 민트과의 약용 허브 채소이다. 세이지 특유의 자극적인 맛과 톡 쏘는 감귤 향 또는 소나무 향을 이용해 돼지고기 요리, 소시지 등의 육류 등의 누린내를 제거하거나 가금류의 스터핑에 위해 많이 사용하나, 너무 강한 향으로 인해 다른 요리의 맛이 가려지는 경우도 있어 과량으로 사용하지 않도록 주의하여야 한다. 짙은 녹색의 신선하고 연한 세이지는 잎과 줄기 모두 사용할 수 있고 밀폐하여 냉장 또는 냉동 보관하고 장기보관을 위해 건조하기도 하나, 말리게 되면 쓴맛이 올라간다.

느타리버섯

우리나라에서 가장 많이 재배되는 버섯으로 천화심(天花蕈)·만이(晩栮)라고 하고 굴처럼 생겼다고 해서 굴버섯(oyster mushroom)이라고도 한다. 향미가 풍부하고 연한 회색빛의 윤기가 도는 갓 표면과 뒷면의 빗살무늬가 잘 살아있다. 흰빛을 띠며, 살이 두텁고 탄력이 있고 매끄러우며 촉촉한 것이 좋다. 버섯의 밑동이 서로 단단하게 붙어있고 갈색점이나 미끌거림이 없는 것이 신선한 것이다. 살이 연해 쉽게 물러지기 때문에 수분을 제거하고 밀봉하여 냉장 보관하다. 면역 기능에 도움을 주는 베타글루칸이 풍부하고 비타민 D의 전구체인 에고스테롤이 많아 혈관건강에도 좋다. 가볍게 흔들어 세척한 후 살을 결대로 찢어 소금물에 데쳐 국, 나물, 볶음 등의 조리에 이용한다.

Strawberry Mousse

산딸기 무스

산딸기 무스 재료

산딸기 퓌레 300g, 젤라틴 6g, 생크림 200g, 이탈리안 머랭 200g
딸기 리큐르 10g

이탈리안 머랭 재료

설탕 180g, 물 70g, 흰자 90g

산딸기 글라사주 재료

나파주 70g, 산딸기 퓌레 150g, 물 150g, 설탕 20g

산딸기 무스 만드는 과정

1. 산딸기 퓌레를 데운다.
2. 찬물에 불린 젤라틴을 넣고 섞어준다.
3. 퓌레가 식으면 생크림을 80% 휘핑하여 2~3회 나누어서 가볍게 섞어준다.
4. 이탈리안 머랭을 식혀서 2회 나누어 가볍게 섞는다.
5. 딸기 리큐르를 넣고 가볍게 섞어준다.
   (제품의 색깔을 강하게 내고자 할 때는 산딸기 내추럴믹서를 조금 첨가한다)
6. 준비된 몰드나 글라스에 산딸기를 3~5개 넣고 반죽을 채운다.
7. 산딸기 글라사주를 만들어 코팅하거나 글라스 윗면에 조금 올린다.

이탈리안 머랭 만드는 과정

1. 냄비에 물 70g, 설탕 150g을 118℃까지 끓여 졸인다.
2. 흰자 거품에 설탕 30g을 넣고 머랭을 만든다.
3. 졸인 시럽을 머랭에 천천히 부어준다.

산딸기 글라사주 만드는 과정

1. 전 재료를 넣고 끓인 다음 고운체에 걸러서 사용한다.

무스(Mousse)

거품 상태의 가벼운 과자. 과일, 초콜릿 등 부드러운 퓌레 상태로 만든 재료에 거품을 올린 생크림 또는 흰자를 첨가해 가볍게 부풀린 과자이다. 원래 무스란 거품을 뜻하는 프랑스어이다. 완성된 무스는 표면이 마르기 쉬우므로 젤리나 글라사주를 씌운다. 흔히 무스를 가리켜 미루아르(miroir, 거울)라고도 하는데 그 이유는 무스 윗면에 젤리나 글라사주의 광택이 얼굴을 비출 정도이기 때문이다. 무스의 종류는 과일에 따라서 매우 다양하며, 커피 무스, 녹차 무스, 초콜릿 무스 등이 있다.

Financier

피낭시에

피낭시에 재료

박력분 100g, 아몬드파우더 125g
레몬 1개, 전분 40g, 설탕 300g
흰자 320g, 버터 225g, 믹스필 100g

피낭시에 만드는 과정

1. 가루 재료를 모두 체 친다.
2. 가루 재료와 설탕을 섞어준다.
3. 버터를 태워 정제 버터를 만든다.
4. ②에 흰자를 천천히 섞어 풀어준다.
5. 레몬 제스트를 넣고 섞어준다.
6. 정제 버터를 넣는다.
7. 믹스필을 넣는다.
8. 냉장고에서 휴지시킨다(1시간).
9. 짤주머니에 반죽을 담아 몰드에 짜준다.
10. 오븐온도 190℃에서 10~13분간 굽는다.

피낭시에(Financier)

피낭시에는 제품의 모양이 '금괴'를 닮았다 하여 붙여진 명칭으로 프랑스어로 금융가를 뜻한다. 파리 증권가의 한 빵집에서 금괴 모양으로 만든 구움과자에서 유래되었으며, 모양과 크기가 작아서 티타임에 많이 나오는 제품이다.

버터를 갈색이 될 때까지 태워서 헤이즐넛 향이 나는 버터를 만들어 버터의 풍미를 높여주고, 달걀흰자와 아몬드가루를 사용하여 고소하면서도 부드러운 식감을 느낄 수 있으며, 최근에는 레몬, 커피, 녹차 등을 사용하여 다양한 맛의 피낭시에 과자가 나오고 있다.

Wine Marriage (와인 마리아주) Tip!

Coto de Imaz Reserva

코토 데 이마스 레세르바

www.elcoto.com
*국가/생산지역: 스페인 〉 리오하
*품종: 템프라니요 100%
*알코올: 13.5%

바롱 드 레이(Baron de Ley) 그룹에 속하는 와이너리이자, 리오하(Rioja) 지역을 이끄는 대표 와인 브랜드이다. 가격 대비 최고의 품질로 이미 스페인 내수 시장을 석권하여 스타 와인으로 인정받으며, 1997년에는 스페인 와이너리 최초로 증권 거래소에 상장되는 등 성공적인 기업경영의 대표 모델로도 널리 알려져 있다. 이에 영국을 비롯한 세계 50여 개 나라에서 꾸준히 판매되고 있는 와인이다.
템프라니요 베이스에 그라시아노 품종이 소량 블렌딩된 와인은 코에서 딸기, 체리와 같은 붉은 과일 향이 먼저 느껴지며 이어서 머스크, 바닐라, 과일 케이크 등의 부드러운 향이 다크 초콜릿, 플럼 잼 등과 함께 가볍게 나타난다. 입 안 전체에 부드럽고 안정적인 편안한 느낌을 안겨주며 풀바디의 무게감과 함께 산도와 타닌의 완벽한 조화는 섬세하게 긴 여운을 가져갈 수 있도록 해준다.
살팀보카는 이탈리아어로 '입으로 뛰어든다'는 뜻이며 이탈리아 전역, 스페인, 그리스 등에서 대중적인 음식으로 리오하 와인과 잘 어울린다.

디저트 플레이팅

디저트 플레이팅(dessert plating)은 디저트를 만들기 전에 이미 어떻게 할 것인가를 생각하고 준비하기 때문에 플레이트를 갖다놓고 두세 번의 교정을 통해서 한 가지 이상의 재료를 접시에 놓는 것이다. 대부분 디저트 플레이트에 놓을 것을 준비해놓고 마지막에 조합을 해서 고객에게 제공한다. 디저트를 완성하기 위해서는 3가지 요소가 있는데, 첫째는 주재료(main item), 둘째는 장식(garnish), 마지막으로 소스(sauce)이다.

1) 주재료(Main Item)

대부분 디저트에 장식을 하지만 케이크 한 조각, 타르트 하나, 파이 한 조각, 과일 등 그 자체만으로도 디저트가 될 수 있으며, 이것을 디저트 플레이트에 놓고자 할 때는 그 제품에 대한 특성이 있어야 한다. 특유의 풍미가 가득하고, 먹을 때 느끼는 식감이 좋아야 한다. 더운 디저트인지 차가운 디저트인지 입 안에서 확실한 온도 차이를 느껴야 한다. 또한 제품의 색도 매우 중요하다. 화려한 색채는 아름답게 보일 수도 있지만 너무 지나치게 강하면 고객들에게 반감을 살 수 있으며, 뭔가 다른 모양의 형태는 고객에게 좋은 호감을 줄 수 있다.

2) 장식(Garnish)

디저트 플레이트에 주재료 하나만 놓으면 무엇인가 부족한 느낌이 있기 때문에 한두 가지의 장식물을 놓는다. 중요한 것은 장식물은 반드시 먹을 수 있어야 하며, 주재료와 조화를 이루어야 한다. 장식을 위해 사용하는 재료는 다음과 같은 것을 이용하여 완성할 수 있다. 과일, 아이스크림, 셔벗, 초콜릿, 튀일, 설탕공예, 생크림, 작고 예쁜 다양한 쿠키, 생크림, 애플민트, 식용 꽃 등을 사용한다.

3) 소스(Sauce)

최근 디저트는 무엇보다도 중요한 코스로 자리 잡고 있다. 디저트의 다양화, 고급화에 따른 맛의 균형 및 색의 조화와 환상적인 맛을 내기 위한 요소로서 소스의 역할은 점점 중요시되고 있다. 디저트용 소스는 디저트의 단맛을 내기 위한 소스이다. 소스는 따뜻한 소스와 차가운 소스로 나뉘며 재료별로 구분하면 크림 소스와 리큐르 소스로 분류할 수 있다. 종류로는 산딸기 소스, 앙그레이즈 소스, 블루베리 소스, 오렌지 소스, 망고 소스 등이 있다. 소스를 만들 때 과일의 단맛, 신맛, 과일 향 등이 그대로 날 수 있도록 해야 하며, 리큐르를 너무 많이 사용하면 과일 특유의 맛과 향이 감소하기 때문에 소량을 사용해야 한다. 최근에는 간편하고 과일의 맛을 그대로 유지하는 다양한 과일 퓌레(fruit puree)를 많이 사용한다.

현재의 디저트 코스는 다른 어떤 코스보다 많은 비중을 차지하며, 디저트의 근원인 프랑스에서 메뉴 구성 3단계에 들어갈 정도로 중요한 코스가 되었다. 국내에서도 호텔 등 고급 레스토랑에서는 빵류보다 디저트에 더 큰 관심을 두고 있다.

Repubblica Italiana

Beautiful evening scenery in Cinque Terre, Italy, on a fine spring day

파르마 하면 햄

이탈리아 북부 지방을 대표하는 파르마, 모데나, 볼로냐는 미식 여행가들의 천국이다. 이 중에 파르마햄과 돼지 뒷다리로 만드는 프로슈토 햄으로 유명한 이탈리아 파르마로 발길을 돌린다. 여행객들은 전통을 지켜가며 장인들이 만드는 음식을 레스토랑이나 팝업 스토어에서 접할 수 있다. 그뿐만 아니라 이탈리아 정부에서 공인한 이탈리아 가이드와 치즈, 햄, 식초 공장을 둘러보고 식사까지 하는 구르메 투어가 활성화되어 있다.

한적하고 평화로운 농가의 테라스에서 경치를 만끽하며 살라미, 프로슈토며 결정이 사각사각 씹히는 잘 숙성된 파르미지아노 레지아노, 이를 듬뿍 올린 라비올리 그리고 이 지방의 특색 있는 와인인 '람부르스코'를 곁들인 식사를 상상해보라.

Parma stream, Italy in autumn day

이탈리아에 있다. 프리타타 그리고 미네스트로네

이탈리아식 오믈렛인 프리타타와 이탈리아 전통 채소수프인 미네스트로네는 이탈리아뿐만 아니라 세계 여러 곳에서 즐겨 먹는 음식이다. 누가 생각해도 이탈리아는 프랑스, 스페인과 함께 유럽에서 맛있는 음식으로 알려진 나라이고 더구나 남북으로 기다란 지형은 농산물에서부터 3면 바다의 지리적 특성에서 유래하는 신선한 해산물까지 요리 재료가 풍부하다. 현재 이탈리아 요리는 전 세계 어디를 가도 쉽게 즐길 수 있는 요리가 되었다. 피렌체와 나폴리 해안 지방의 소금이 알려져서 그런지 이탈리아 음식은 보통 간이 센 편이다. 그리고 올리브 오일

Venice aerial view, Piazza San Marco or st Mark square, Campanile and Ducale or Doge Palace and Santa Maria della Salute church. Italy, Europe.

과 토마토를 많이 사용해서인지 이탈리아는 유럽에서 비만율이 가장 낮은 편이고 평균 수명 역시 길다. 참고로 이탈리아는 자국 요리에 대한 자부심이 너무 지나쳐서 미국이나 프랑스와 여러 가지 해프닝을 만든 역사가 있고 심지어 이탈리아 어느 정치인의 정치 생명에도 영향을 준 적이 있다.

Manarola, Cinque Terre - train station in famous village with colorful houses on cliff over sea in Cinque Terre

이탈리아 전문 여행사인 블루에서 이탈리아 일주 9일 상품을 따라 대표 여행지를 살짝 따라가 보자. 우선 로마 3박 / 피렌체 2박 / 베네치아 2박 일정이다.

첫날 아침 식사 후에는 바티칸과 로마시내 투어를 바티칸 박물관–베드로 대성당(외부설명 및 자유관람)–베드로 대광장–중식–스페인 광장–트레비 분수–나보나 광장–판테온(외부설명 및 자유관람)–베네치아 광장–포로 로마노(외관)–콜로세움(외관) 순서로 돌아본다. 다음 날에는 폼페이–아말피 해안도로–포지타노 마을–아말피 해상관광–살레르노를 둘러보고, 피렌체로 이동하여 그다음 온종일 여유 있게 우피치 미술관 투어를 하면서 르네상스 시대 최고 화가들의 작품을 감상한다. 5일 차에는 피렌체 근교의 소도시 여행으로 시에나–키안티 와이너리 점심식사 및 와인 테이스팅–산 지미냐노 일정이 기다리고 있다. 6일 차는 피사와 친퀘테레, 다음날은 베네치아에서 스칼치 다리–보트투어–산조르조섬–탄식의 다리–두칼레 궁전(외부관람)–살루테 성당–페기구겐하임 미술관(외부관람)–아카데미아 다리–산마르코 광장–리알토 다리–독일 상관전망대로 마무리를 한다. 어떤가? 이탈리아 한 나라에서만 7일 동안의 여행. 시간이 더 있어도 부족할 정도로 함께 할 많은 것이 있겠으나 어느 정도는 만족했으리라 본다.

수도권 유일의 관광특성화대학의 가능성!

주요취업처

JOB FIELD

관광숙박업

주요 취업처

호텔신라, 롯데호텔, 조선호텔, 더 플라자, JW메리어트, 그랜드 하얏트, 포시즌스 호텔, 힐튼호텔, 임페리얼 팰리스, 파라다이스 호텔, 그랜드인터컨티넨탈 호텔, 엠베서더 호텔, 워커힐 호텔, ㈜대명레저산업, 곤지암리조트, 아난티클럽, 해비치호텔앤리조트, 반얀트리클럽앤스파 등

담당업무

객실, 프론트, 식음료, 조리, 판촉, 마케팅/홍보, 사무관리, 회계, 통역사 등

항공 교통 서비스업

주요 취업처

대한항공, 아시아나항공, 진에어, 이스타항공, 티웨이항공, 제주항공, 에어부산, 에어코리아, 아랍에미레이트항공, 캐세이퍼시픽항공, 카타르항공, 싱가포르항공, 한국철도공사, 한국국제여객터미널, 인천국제공항, 스위스포트코리아, 유니에스 등

담당업무

국내·외 항공사 객실승무원, 지상직서비스, 항공예약발권, 항공사 VIP라운지, 예약센터, 공항보안검색 등

여행서비스업

주요 취업처

하나투어, 모두투어, 롯데관광, CJ웰디스, 롯데JTB, 코레일관광개발, SK투어비스, 한진관광, 대한여행사, 넥스투어, 노랑풍선 등

담당업무

국내여행안내사, 관광통역사, 해외영업부, 마케팅/홍보, 회계, 사무관리, 컴퓨팅 및 웹 디자인 등

레저관광서비스업

주요 취업처

레저 체험관광업, 국내외 복합 스포츠리조트, 골프 컨트리클럽, 테마파크, 레크리에이션 및 이벤트업, 호텔 피트니스센터, 유소년 스포츠클럽 등

담당업무

노인·유아스포츠지도, 피트니스 트레이너, 재활프로그램 운영, 골프 피트니스, 수상안전지도, 스포츠시설 관리, 실버여행상품기획, 웃음치료, 레크리에이션지도 등

외식 조리 제과제빵산업

주요 취업처

㈜SPC 파리크라상, 삼성웰스토리, 현대그린푸드, ㈜아워홈, 신라호텔, 밀레니엄서울힐튼호텔, 인터콘티넨탈호텔, 그랜드 하얏트 호텔, 그랜드워커힐호텔, 파라다이스호텔, JW메리어트호텔, 포시즌스호텔, 서울웨스틴조선호텔, 파크 하얏트 호텔, 워커힐 호텔, CJ프레시웨이, CJ푸드빌, 아웃백스테이크하우스, 싱가폴 마리나 베이 샌드 호텔, 스타벅스, 이디야, 버거킹, ㈜카카오아이엑스, ㈜풀무원 ECMD, ㈜아이더스코리아, 파리바게트, 데이앤데이, 밀크앤허니, 메나쥬리, 아띠제브랑제리, 나폴레옹제과점, 리치몬드과자점, 김영모과자점, 마인츠돔, 성심당, 르빵과자점, 대사관, 요리학원등

담당업무

소믈리에, 파티쉐, 바리스타, 메뉴개발사, 푸드스타일리스트, 조리연구원, 홍보마케팅, 사무관리, 회계, 식품위생사, 외식창업컨설턴트, 컴퓨팅 및 웹디자인, 전문 조리사, 조리전문경영인, 식품관련연구원, 학원강사, 식품외식컨설팅, 식품위생공무원, 식품가공업, 메뉴개발연구, 대사관 관저 조리, 개인창업 등

비서 · 사무

주요 취업처

SK하이닉스, LG전자, GS건설, 현대자동차, 현대제철, 현대해상, 현대모비스, 현대글로비스, KT, 삼성전자, 삼성엔지니어링, 삼성생명, 신한금융투자, 한화손해보험, 포스코, SBS, JTBC, 제일기획, NH농협, 우리은행, KB국민은행, 미래에셋캐피탈, 신세계인터내셔날 등

담당업무

일정관리, 출장관리, 응대업무, 보고업무, 회의의전관리, 사무정보관리, 국제업무지원, 문서관리, 문서작성, 데이터관리, 사무행정, 사무환경조성, 경영지원 등

관광소매업

주요 취업처

롯데면세점, 신라면세점, 한국관광공사면세점, 부산항면세점, 워커힐면세점, AK면세점, 롯데백화점, 현대백화점, 신세계백화점, 갤러리아백화점 등

담당업무

영업직, 사무관리직, 회계, 홍보마케팅, 판매직, 면세품 검수, 컴퓨팅 및 웹디자인 등

국방행정

주요 취업처

군(육군·해군·공군 및 해병대) 부사관으로 임관, 육군 3사관학교 편입(4년제 정규 학사 취득 후 장교로 임관), 국방 군무원 및 방위산업체 근무/부사관 복무 중 준사관 진출, 관광 관련 업체 등

담당업무

사무행정관리, 병력통제 및 관리, 부대관리, 교육훈련준비 및 교육훈련실시 등

Chapter 8_한국관광대학교 참여교수

호텔조리과
이순옥 교수 (메인요리, 한식 디저트)

호텔조리과
주향란 교수 (식재료, 영양)

호텔조리과
이은경 교수 (식재료)

외식경영과
김준원 교수 (와인)

관광경영학과
이 황 교수 (관광지)

The story of a

Patissier&Chef

CHAPTER

08

해물잣즙채

갈빗살구이비빔밥

오미자화채

해물잣즙채

Ingredients / 재료

소라 살 1개, 갑오징어 1/4마리, 대하 2마리, 관자 1개
생률 2개, 대추 2개, 오이 60g, 죽순 60g, 잣즙소스
실백 50g, 육수 4T, 소금 1/2t, 참기름 1/2t
흰 후춧가루 1/16t

Method / 조리법

1. 소라는 삶아 껍질과 내장을 떼어내고 솔로 해감을 제거한 뒤 씻는다.
2. 갑오징어는 껍질을 벗기고 안쪽에 0.3cm 간격으로 칼집을 넣는다.
3. 새우와 관자는 내장을 손질하여 놓는다.
4. 끓는 물에 다듬어 놓은 해산물들을 각각 살짝 데쳐낸다.
5. 관자와 소라 살은 무양을 살려 0.2cm 두께로 편 썰며, 새우는 껍질을 벗긴 뒤 길이로 반을 갈라놓고, 갑오징어는 4×1.5cm 크기로 자른다.
6. 생률은 3~4쪽으로 편 썰고 대추는 돌려깎기하여 씨를 뺀 후 4~5쪽으로 썬다.
7. 오이는 4×1.5×0.3cm로 썰고, 죽순도 오이와 같은 크기로 빗살무늬를 살려서 썬 뒤 끓는 물에 각각 데쳐낸다.
8. 실백은 육수를 넣고 갈아서 양념하여 놓는다.
9. 준비된 재료들은 물기를 제거하고 잣즙소스를 넣어 가볍게 버무려 담는다.

밤

밤나무속의 열매로 견과류로 분류된다. 가시가 달린 송이 안에 질고 단단한 갈색의 겉껍질과 떫은맛의 부드러운 속껍질로 둘러싸인 노란색의 속살이 있고, 이를 식용한다.
날로 먹기도 하고 삶거나 굽거나, 찌며 죽, 이유식, 수프, 병후 회복식, 과자나 빵, 떡, 아이스크림, 통조림 등 기타 가공품 등의 형태로도 먹는다.
우리나라에서는 의례용으로 생밤을 많이 소비한다. 윤기 나는 갈색의 겉껍질에 도톰하고 단단한 밤이 좋은 밤이며, 깐 밤의 변색을 방지하기 위해서는 물에 담가두거나 진공 포장해서 보관한다. 서양 디저트로 밤과자인 마롱글라세(marrons glaces)가 유명하다.
탄수화물의 함량이 높고 칼슘이 풍부하며 소화가 잘되며 영양소가 골고루 들어있는 자양식품이며 생밤에는 알코올 분해 성분도 있어 숙취해소에 도움이 된다.

대추

원산지는 중앙 아시아로 대추나무의 타원형 열매로 홍조(紅棗)라고 부르기도 한다.
초록색의 대추는 과일처럼 생식하고, 가을에 갈색 또는 붉은색으로 익은 대추는 생식하거나 말려서 보관한다.
과당이 많아 단맛이 강한 대추는 불면증 치료, 혈관건강과 자양강장에 좋고 몸을 따뜻하게 하는 성질이 있어 감기예방 및 냉증 치료에 좋다고 알려져 있으며, 여름 보양식이나 제사상에 빠지지 않고 들어간다.
우리나라에서는 조려서 조란, 대추초 등으로 만들거나, 떡이나 음식의 고명으로도 이용한다.
윤기 나는 적갈색 껍질이 깨끗한 것을 골라 물에 담가 먼지를 씻어내고 마른 수건으로 물기를 제거하여 사용하며, 밀봉하여 냉동보관하며 사용한다.

죽순

대나무의 땅속줄기에서 봄에 새로 돋아나는 어리고 연한 순인 죽순은 식감이 아삭하고 부드럽고 담백하며 거의 무미에 가까운 맛을 가진 고급 식재료로 밥, 국, 나물, 찜, 구이, 정과, 장아찌, 김치 등으로 조리하고 기름을 많이 사용하는 중국요리에 많이 쓰인다. 식감위주의 식재료로 사용하는 양념이 죽순 음식의 맛을 좌우하는 식재료이다. 껍질이 녹색인 것이 수확한 지 얼마 안 돼서 신선한 것이며, 생죽순은 보관이 어렵고 떫은맛이 있으므로 쌀뜨물에 삶아 껍질을 벗기고 물에 담가 아린 맛을 제거하고 썰어서 사용하거나 통조림 등의 가공품을 이용하는 것이 좋은 방법이다.

갈빗살구이비빔밥

Ingredients / 재료

멥쌀 250g, 소고기(갈빗살) 200g, 설탕 1t, 후춧가루 1/3t, 소금 1t

어린잎채소 : 새싹순 20g, 청경채 20g, 메밀싹 20g, 무순 20g

고추장 소스 : 고추장 1T, 매실청 1/2T, 배즙 1T, 다진 잣 1T

Method / 조리법

1. 쌀은 깨끗이 씻어 30분 정도 불려놓는다.
2. 냄비에 멥쌀과 물을 넣고 센 불에 4분 정도 올려 끓으면 약불로 낮추어 15분 정도 뜸을 들인다.
3. 소갈빗살은 핏물을 제거하고 길이 3cm, 두께 0.5cm 정도로 썰어 설탕과 후춧가루에 밑간을 해 둔다.
4. 어린 채소는 깨끗이 씻어 물기를 뺀다.
5. 분량의 재료를 잘 섞어 고추장 소스를 만든다.
6. 갈빗살에 소금을 넣고, 팬을 달구어 센 불에서 앞뒤로 2분 정도 볶는다.
7. 밥을 그릇에 담아 갈빗살과 어린잎 채소를 올리고 고추장 소스와 함께 낸다.

쌀

볏과 작물의 알갱이로 밀 다음으로 가장 많이 재배되는 곡물로 옥수수, 밀과 더불어 세계 3대 작물의 하나이다. 생산량 대부분이 아시아 생산 현지에서 소비되는 식물이다. 한국과 일본에서는 쌀알의 길이가 짧으며 둥글고 폭이 넓은 단립종인 자포니카(japonica)를 주로 재배하고 식용한다.

우리나라에서는 주식으로 거의 대부분을 소비하고, 떡, 식혜 같은 음료나 소주, 청주, 막걸리 등 술을 만드는 데에도 쓰인다. 2022년은 쌀과 육류의 소비량이 비슷해질 정도로 우리나라의 쌀 소비량은 점차 줄어들고 있다.

쌀은 투명도가 좋고 흰색이며 광택이 있으며 부서지거나 금이 간 부분이 없고 모양이 완벽하게 갖춰진 것이 품질이 우수한 것이다.

여러 종류의 쌀품종이 섞인 혼합미보다는 단일미를 선택하는 것이 좋은데, 단일미는 수분과 단백질 함량 등이 일정해 밥을 지었을 때 균일한 맛을 내기 때문에 밥맛을 더 좋은 경향이 있다.

도정 후부터 산패가 진행되기 때문에 사용하기 직전에 도정하는 것이 제일 좋으나 일단 도정한 쌀은 어둡고 통풍이 잘되며 서늘한 곳에서 해충 피해를 보지 않도록 보관하고 단시간에 소비하는 것이 좋다.

쌀을 씻은 첫물은 이물질과 먼지, 냄새가 가장 많으므로 재빨리 버린 후 두 번째 물부터는 쌀알이 으깨지지 않도록 살살 문질러 씻고, 마지막 헹굼에 나오는 쌀뜨물은 된장국 등을 끓일 때 사용하기도 한다. 약 30분 정도 물에 불린 후 입맛에 맞게 물을 조절하여 밥을 짓는다.

잣

우리나라의 특산물인 잣은 잣나무의 씨앗으로 송자(松子) · 백자(栢子) · 실백(實栢)이라는 이칭으로 부르는 우리나라 특산물인 견과류이다. 솔방울 속에 수십 개의 수실에 단단한 갈색의 껍데기를 깨면 노란색의 잣이 나온다.

생으로 먹을 때에는 약간 찐득하게 부드럽고 달착지근하며 크리미한 향이 난다.

단단한 껍질을 제거하고 기름 없이 볶거나 구우면 견과류 특유의 향과 고소한 맛, 바삭한 실감으로 좋아진다. 리놀렌산과 올레인산 등의 불포화지방산 함량이 높이 쉽게 산패되기 때문에 낮은 온도에서 보관해야 한다.

우리나라에서는 피부와 오장을 건강하게 하며 허약한 몸의 기력을 보충하는 식재료로 알려져 있고, 각종 요리에 고명으로 쓰이며, 죽을 끓여 먹기도 한다.

서양에서는 바질페스토 등의 요리를 만들 때 활용한다.

오미자화채

Ingredients / 재료

오미자 30g, 잣 1t, 물 5컵, 배 1/4개
설탕 1컵, 소금 1/8t

Method / 조리법

1. 오미자는 씻어서 물 2컵을 넣고 하룻밤 우려내어 얇은 천에 걸러낸 후 여기에 물 3컵을 넣고 설탕을 타서 오미자 국물을 만든다.
2. 실백은 고깔을 따서 준비한다.
3. ①의 물을 그릇에 담고 ②를 고명으로 올린다.
4. 배는 껍질을 벗겨 얇게 저며 꽃 모양으로 찍어내어 쓰거나 채를 곱게 썰어 고명으로 띄우기도 한다.

오미자에 관한 효능

오미자(omija)는 껍질에서 신맛, 과즙은 단맛, 씨앗은 맵고 쓴맛, 전체적으로 짠맛을 내어 다섯 가지 맛이 난다고 해서 이름 지어졌다.

오미자는 칼슘, 인, 철, 비타민, 단백질 등의 영양 성분을 포함하고 식물성 폴리페놀인 리그난(lignan), 구연산이 풍부하며 플라보노이드, 페놀염 글리코시드(phenolic glycoside) 등의 영양분을 함유하고 있어 다양한 효능과 효과를 나타낸다.

리그난은 식물성 에스트로겐(estrogen)으로 오미자에 풍부하게 들어있는데 강력한 항산화성을 나타내는 폴리페놀 성분이다. 이 성분은 활성산소로 인해 변종세포가 생성되는 것을 억제하고 혈관의 건강을 개선한다. 그뿐만 아니라 인슐린의 활성을 증가시켜 혈당 조절 효과가 있다. 즉, 혈액순환을 원활하게 함으로써 혈압을 정상적으로 유지하고 뇌졸중이나 동맥경화, 심근경색, 고혈압 등의 각종 심혈관 질환의 위험을 감소시켜 줄 뿐 아니라 당뇨 환자에게도 도움을 줄 수 있다.

오미자에 함유된 유기산과 항산화 물질은 간 건강을 개선하여 체내에 쌓여있는 독소배출에 도움이 된다. 그리고 항산화 물질에 의해 각종 박테리아, 세균, 바이러스가 일으키는 염증과 신체적 질환의 위험성을 억제하고 스트레스에 대응하여 피부건강 개선, 면역력 강화와 항암 작용에 효과가 있다.

오미자에 함유된 시잔드린(schizandrin) 성분은 신진대사 촉진, 항스트레스 효과가 있어 머리를 맑게 하여 집중력을 높여주기도 하고, 불안과 초조함을 줄여 불면증을 개선하는 효과가 있다. 그리고 혈액순환을 개선하여 두뇌에 혈액을 원활하게 공급해 두뇌 세포의 손상을 막아 치매와 같은 뇌질환 예방에도 도움이 된다. 이 성분은 천연 거담제로 작용하여 기도와 기관지의 기능을 개선하고 호흡기 질환을 예방하는 데에도 큰 도움이 된다.

최근 오미자의 효능이 활발하게 연구되고 있는데, 그중에서도 가장 주목할 것이 골다공증 예방 효과이다. 오미자에 풍부하게 함유된 고미신(gomosin)과 시잔드린은 골밀도를 최대 3배까지 높여서 골다공증을 효과적으로 예방한다.

오미자는 오래전부터 자양강장제로 이용되어왔으나, 몸에 열이 많거나 십이지장 궤양, 뇌압, 동맥압, 고혈압이 있는 사람은 복용하지 않도록 해야 한다. 하지만 아무리 오미자 효능이 좋다고 하더라도 과량 섭취하거나 체질에 잘 맞지 않는 사람이 섭취할 경우 부작용이 발생할 수 있어 복용에 주의가 요구되는 식품이기도 하다.

Wine Marriage (와인 마리아주) Tip!

Catena Zapata, Angelica Zapata Malbec

카네타 자파타, 안젤리카 자파타 말벡

www.catenawines.com
*국가/생산지역: 아르헨티나 〉 멘도사
*품종: 말벡 100%
*알코올: 13.5%

아르헨티나 고급 와인의 선구자이며 멘도사를 세계적인 와인 산지로 올려놓은 와이너리이다.

니콜라스 카테나 자파타(Nicolas Catena Zapata)는 아르헨티나로 이주하여 1902년 멘도자(Mendoza) 지역에 와이너리를 설립하였다.

4개의 빈야드에서 수확한 말벡 포도를 블렌딩한 후 양조한 와인으로 단단하고 우아한 것이 특징이며, 잘 익은 자두의 부드러운 맛과 La Piramide 빈야드에서 보여지는 블랙베리류의 과실과 매콤한 후추, 정향의 향이 풍부하게 나타난다. 알타미라(Altamira) 지역에서 주는 레드베리 과실의 신선함과 우아함이 레드베리의 풍미를 더 높여주며, 라벤더와 바이올렛과 같은 중후한 꽃향기도 은은하게 나타난다. 무엇보다 숙성에서 오는 오크 향이 풍부하게 느껴지지만 과실 향을 해칠 만큼 지나치지 않고 진한 바이올렛 컬러감과 더불어 입안에서는 미네랄 향이 느껴지며 클래식한 맛과 부드러운 산미와 풍미가 오랫동안 지속되는 와인이다. 특히 한국음식과 조화가 뛰어나 불고기, 갈빗살구이 등과 자주 페어링한다.

디저트에 많이 사용하는 재료

1) 설탕(Sugar)

설탕은 수크로오스(sucrose, 자당)를 주성분으로 하는 감미료이다. 제과 · 제빵에서 가장 많이 사용하는 이당류로 화학식은 $C_{12}H_{22}O_{11}$이다. 인도에서 처음 만들어졌으며, 원료는 사탕수수나 사탕무로부터 얻어지고, 제법 형태에 따라 함밀당과 분밀당이 있다. 입상형 설탕(granulated sugar)은 현재 가장 많이 사용하는 당류이며, 용도에 따라 다양한 종류의 제품이 생산되고 있다.

2) 슈거파우더(Sugar Powder)

그래뉴당이나 흰 쌍백당 같은 고순도의 설탕을 곱게 갈아서 만든 가공당이며, 분당, 슈거파우더라고 한다. 버터크림, 생크림, 머랭 같은 크림류나 반죽의 재료로 사용한다. 또한 과자의 표면에 뿌리는 것으로 많이 사용한다.

3) 버터, 마가린(Butter, Margarine)

• 버터(Butter)

우유에서 지방을 분리해 만든 크림을 휘저어 엉기게 한 후 굳힌 유제품이다. 버터의 종류에는 젖산균을 넣어 발효시킨 발효 버터(Sour butter), 소금을 첨가하지 않은 무염 버터, 2%의 소금을 넣은 가염 버터, 버터에 식물성 유지를 섞어 만든 컴파운더 버터 등이 있다.

• 마가린(Margarine)

버터의 대용품. 인조버터라고도 한다. 동물성 지방과 식물성 기름을 정제한 후에 알맞은 비율로 배합하고 유화제, 색소, 향료, 소금물, 발효유 등을 더해 유화시킨 뒤에 버터처럼 고체로 굳힌 지방성 식품이다. 버터와 비교하여 가소성이 좋고 가격이 저렴하다.

4) 달걀

달걀은 껍질, 흰자, 노른자로 구성되어 있다. 비중은 달걀의 크기에 따라서 다르며 껍질 10~12%에 흰자 55~63% 및 노른자 26~33%이다. 달걀의 크기가 클수록 흰자의 비율이 높다. 달걀은 생달걀, 냉동달걀, 분말달걀 등이 있다. 우리나라에서는 보통 생달걀을 많이 사용하고 있다.

5) 생크림(Fresh Cream)

우유의 유지방을 분리 농축해 만든 크림으로 제과제빵에 널리 이용한다. 주성분은 유지방이고 종류나 국가에 따라 그 함량이 다르다. 한국에서 생크림은 유지방 18% 이상인 크림을 말한다. 현재 국내에서 생산되어 사용하고 있는 동물성 생크림은 유지방이 36~38%이다. 생크림은 냉장보관이 원칙이며 보통 1~5℃에서 보관하고 생크림으로 안정된 좋은 상태로 공기를 포집하기 위하여 10℃ 이하에서 작업한다.

6) 우유(Milk)

우유는 영양가가 높은 완전식품으로 주성분은 단백질, 지방, 당질, 무기질, 비타민 등 많은 영양소로 구성되어 달걀과 함께 중요한 식품이다. 보통 우유는 우유에 아무것도 넣지 않고 살균, 냉각시킨 후 포장한 것이다. 탈지우유는 우유에서 지방을 뺀 것이다. 가공우유는 우유에 탈지분유나 비타민을 강화한 것이다.

7) 젤라틴(Gelatin)

동물의 연골, 힘줄, 가죽 등을 구성하는 단백질인 콜라겐(Collagen)을 더운물로 처리했을 때 얻을 수 있는 유도 단백질이다. 응고제로 사용하며 찬물에는 팽윤하나 더운물에는 녹는다. 젤라틴은 가공 형태에 따라 판 젤라틴과 가루 젤라틴이 있으며, 녹일 때는 물에 담가 흡수 · 팽윤시킨 뒤 사용한다. 팽윤에 필요한 시간은 판 젤라틴이 20~30분, 가루 젤라틴이 5분이고 흡수량은 보통 젤라틴 중량의 10배이므로 물을 충분히 넣어서 덩어리지지 않게 한다. 젤리, 무스 등에 사용한다.

8) 식용유(Edible Oil)

식용으로 제공되는 액체 성분의 기름으로 가공 방법에 따라 압착유와 정제유로 크게 나뉜다. 용도에 따라서는 참기름이나 샐러드유처럼 식탁에서 음식에 곁들여 먹는 기름, 고온으로 튀길 때 사용하는 기름, 기름절임류에 사용하는 저장용유 등으로 분류한다.

식용유는 일반적으로는 원유를 가공(탈고무, 탈산, 탈색, 탈취)하여 만드는데 이 과정에서 유리산이 적고 향미가 좋으며 색광이 미려해야 한다. 투명하고 산패 경향이 적은 것 등이 바람직한데 이를 위해 기름을 냉각하여 거르거나 산화 방지제를 첨가하기도 한다. 대두유, 옥수수기름, 올리브유, 면실유, 참기름, 유채기름, 땅콩기름 등이 대표적이다.

9) 치즈(Cheese)

우유를 원료로 하여 여기에 젖산균 또는 단백질을 응고시켜 만든 제품이다. 먼저, 살균우유에 젖산균 스타터를 첨가하여 일정 시간이 지나 적당한 산도에 도달하면 레닌(rennin, 응고효소)을 첨가한다. 15~90분 후 우유가 응고되면 절단하여 유장을 빼내고 다져서 성형한 뒤에 발효시켜 만든다. 치즈는 원재료, 숙성 여부, 수분함량 등에 따라 분류된다.

• 자연치즈(Natural Cheese)

우유를 젖산균이나 레닌(rennin, 효소)으로 응고시키고 유장을 제거해 만든 것이다. 치즈를 숙성시키는 미생물 · 산소 · 온도 · 습도에 따라 먹는 시기가 다르다.

• 가공치즈(Process Cheese)

자연치즈의 강한 향취를 우리 입맛에 맞도록 가공한 제품이다. 자연치즈 원료에 버터나 분유 같은 유제품을 첨가하여 만든다. 가공치즈는 위생적이며 보존성이 높고 품질이 안정되어 여러 형태로 가공하므로 용도에 맞춰 골라서 사용할 수 있다.

10) 과일(Fruit)

• 사과(Apple)

장미과의 낙엽고목인 사과나무의 열매로 고대 그리스 로마 사람들이 애용하여 곧 유럽 전역으로 전파되어 개량되었다. 17세기에는 유럽에서 개량된 사과가 미국으로 전파되어 더욱 다양하게 개량되었다. 동양에서는 중국이 최초로 능금을 재배하였으며 한국과 일본으로 전해졌다. 사과는 제과에서 많이 사용하는 과일로 애플파이, 잼, 타르트, 주스, 젤리, 디저트뿐만 아니라 프랑스 요리 등에도 많이 사용한다.

• 딸기(Strawberry)

장미과에 속하는 다년생 초본식물 또는 그 열매로 잎은 뿌리에서 나오며 잎자루가 길다. 유럽 중부가 원산지이며, 온도 적응성이 강하여 적도 부근의 해안에서부터 북극 가까운 지역까지 분포한다. 우리나라에는 1900년대 초에 전래되었고 계절과 관계없이 재배되어 1년 내내 구입할 수 있으므로 제과류, 디저트류 등에 폭넓게 사용되고 있다. 최근에는 '설향, 금실, 죽향'같이 맛과 향미가 뛰어난 국산 딸기가 국내 보급률 96%를 넘겼으며 전 세계로 수출되고 있다.

• 배(Pear)

쌍떡잎식물 장미목 장미과 배나무속 배나무의 열매. 배는 재배지에 따라 크게 서양배와 중국배, 남방형 동양배로 나뉘며, 모양과 맛이 각각 다르다. 서양배는 조롱박처럼 중간이 잘록하게 들어간 모양이다. 꽃 향이 나며 생으로 먹으면 달지 않고 푸석푸석한 식감이라서 요리해서 먹는 것이 일반적이다. 중국배는 주먹 크기의 둥근 모양이며 한국배보다 맛이 떨어진다. 남방형 동양배는 한국과 일본에서 주로 재배하며 크고 둥근 모양이다. 시원하고 단맛이 풍부하며 사각사각한 식감이다. 배는 제과에서 디저트류에 많이 사용된다.

• 수박(Water Melon)

쌍떡잎식물 박목 박과의 덩굴성 한해살이풀. 수박은 세로로 된 검은색 초록색 줄무늬가 교차한 타원형으로 무게가 보통 5~6kg이며, 크게는 10kg 이상을 넘는 것도 있다. 줄기는 길게 자라서 땅 위를 기며 가지가 갈라진다. 아프리카 원산으로 고대 이집트 시대부터 재배되었으며 우리나라에는 조선시대 연산군일기(1507)에 수박의 재배에 대한 기록이 나타난 것으로 보아 그 이전에 들어온 것으로 보인다. 주로 과일 디저트에 많이 사용된다.

• 체리(Cherry)

장미과에 속하는 과수로 유럽 서부에서 튀르키예까지 걸친 지역을 원산으로 하는 유럽계와 현재의 중국 부근을 원산으로 하는 동아시아계의 두 계통이 있다. 우리나라에는 조선 말에 유럽계와 동아시아계 체리가 모두 유입되었다. 체리에는 과실이 단 감미 체리와 과실의 산미가 강한 산미 체리가 있지만 우리나라에서는 감미 체리를 선호한다. 과실의 크기는 6~10g 정도가 보통이지만 큰 것이 인기가 많으므로 큰 과실을 많이 재배한다.

• 복숭아(Peach)

복숭아나무의 열매. 도자(桃子)라고도 한다. 성인 주먹만 한 크기에 표면에는 고운 솜털이 나

있는데 알레르기를 유발하기도 한다. 과즙이 많고 달고 시며 따뜻한 성질이다. 과육의 색깔에 따라 백도와 황도로 나뉘는데, 생과일로는 수분이 많은 백도를 쓰고 통조림 등 가공용으로는 황도를 사용한다. 중국 원산으로 실크로드를 통하여 서양으로 전해져 다양한 품종이 개량되었으며 17세기에는 아메리카 대륙까지 퍼져 나갔다. 우리나라에서도 예로부터 재배하였으나 상품용으로는 1906년 원예 모범장을 설립한 뒤부터 개량종을 위주로 재배하였다. 제과용으로 무스나 디저트류에 주로 사용한다.

• 자두(Plum)

자두는 앵두과에 속하는 낙엽활엽의 작은 교목인 자두나무의 열매로 생김새는 복숭아와 비슷하나 크기는 약간 작고 표면에 털이 없으며 시고 달다. 자두는 처음엔 초록색이었다가 성숙함에 따라 빨간색, 노란색, 자주색, 노란빛을 띤 빨간색 등으로 변한다. 열매를 수확한 후에 생식(生食)할 뿐 아니라 잼 · 젤리의 원료, 통조림, 과실주 등으로도 이용된다. 건자두는 이침식사나 양과자의 장식용으로 사용하며 변비에 효과가 있다. 자두는 제과와 디저트에 많이 사용한다.

• 오렌지(Orange)

감귤류에 속하는 열매로 모양이 둥글고 주황빛이며 껍질이 두껍고 즙이 많다. 인도 원산으로서 히말라야를 거쳐 중국으로 전해져 중국 품종이 되었고, 15세기에 포르투갈로 들어가 발렌시아 오렌지로 퍼져 나갔다. 브라질에 전해진 것은 아메리카 대륙으로 퍼져나가 네이블 오렌지가 되었다. 오렌지의 종류는 발렌시아 오렌지, 네이블 오렌지, 블러드 오렌지로 나뉜다. 발렌시아 오렌지는 세계에서 가장 많이 재배하는 품종으로 즙이 풍부하여 주스로 가공하고, 네이블 오렌지는 캘리포니아에서 재배하는데 껍질이 얇고 씨가 없으며 밑부분에 배꼽처럼 생긴 꼭지가 있다. 블러드 오렌지는 주로 이탈리아와 스페인에서 재배하며 과육이 붉고 독특한 맛과 향이 난다.

브라질은 전 세계 감귤류 생산량의 약 70%를 차지하는 세계 최대 생산국이다. 그 밖에 미국, 중국, 스페인, 멕시코 등지에서도 많이 생산한다. 오렌지는 껍질을 벗기고 생으로 먹거나 주스를 짜서 먹는다. 마멀레이드, 오렌지 소스, 양과자, 무스 등 제과나 디저트에 많이 사용한다.

• 멜론(Melon)

쌍떡잎식물 박목 박과의 덩굴성 한해살이 식물. 북아프리카, 중앙아시아 및 인도 등을 원산지로 보고 있으나 중동에서도 야생형을 재배하고 있기 때문에 단정하기가 어렵다. 잎은 어긋나고 자루가 길며 3~7개로 갈라진 손바닥 모양이고 덩굴손이 잎과 마주난다. 잎과 줄기 전체에는 많은 털이 난다. 열매는 둥글고 과육은 백색, 담녹색 및 황등색 등 다양하며 아이스크림, 셔벗, 주스 등 디저트류에 많이 사용하고 있다.

• 망고(Mango)

망고 열매는 핵과로서 5~10월에 익으며 넓은 달걀 모양이고 길이 3~25cm, 너비 1.5~10cm인데, 품종마다 차이가 크다. 익으면 노란빛을 띤 녹색이거나 노란색 또는 붉은빛을 띠며 과육은 노란빛이고 즙이 많다. 종자는 1개 들어 있는데, 원기둥꼴의 양 끝이 뾰족한 모양이며 약으로 쓰거나 갈아서 식용한다. 세계에서 가장 많이 재배되고 있는 열대 과수로 말레이반도, 미얀마, 인도 북부가 원산이다. 생산량이 세계 5위이며 종류도 상당히 많다.

최근에는 제주도를 비롯하여 우리나라도 애플망고를 많이 재배하고 있다. 비타민 A가 많으며 카로틴은 푸른잎 채소와 거의 같은 양이 들어 있다. 날로 먹기도 하고 주스, 소스, 샐러드 드레싱, 제과나 디저트에 많이 사용한다. 아프리카, 브라질, 멕시코, 플로리다, 캘리포니아, 하와이, 태국, 베트남 등 열대와 아열대지방에 분포한다.

11) 향신료(Spice)

향신료는 맛과 향을 내기 위하여 사용한다는 점에서 동일하나, 채취 부위에 따라 스파이스와 허브로 구별할 수 있다. 일반적으로 '허브'라고 하면 식물의 잎 또는 꽃봉오리 등 비교적 부드러운 부분이며, '스파이스(spice)'라 하면 씨 · 줄기 · 껍질 · 과실의 핵 등 비교적 딱딱한 부분이다. 스파이스가 허브에 비해 향이 강하다.

• 바닐라(Vanilla)

바닐라는 제과에서 많이 사용하는 향신료로 중앙아메리카가 원산지인 열대성 난초과의 덩굴이다. 세계 각지에서 자라며 마다가스카르가 주요 생산국이다. 바닐라 빈을 끓는 물에 담갔다가 서서히 건조시켜 가공하여 밀폐된 상자나 주석관에 포장하며, 바닐라 크림, 소스, 아이스크림 등 다양하게 사용한다.

• 계피(Cinnamon)

계피는 시나몬과 상록수의 나무껍질을 건조한 것으로 중국 · 인도네시아 · 인도차이나가 원산지이다. 축축한 기후조건이 껍질의 취급을 쉽게 해주므로 껍질을 우기 동안 채취한다. 껍질을 나무에서 벗겨낸 것을 '시나몬 스틱'이라고 하는데, 기다란 대롱 모양의 스틱이다. 이 외피를 문질러 그 안에 엷은 갈색 줄무늬가 있는 것을 서서히 말리면 되는데, 얇은 것이 우수 품종이며, 케이크 시럽, 소스 등에 사용한다.

• 월계수 잎(Laurel Leaf)

월계수는 상록 관목나무로, 원산지는 지중해 연안 · 이탈리아 · 그리스 · 튀르키예 등이다. 길이가 2~4cm 되는 짙은 녹색 잎이며, 잎사귀를 건조하여 요리에 사용한다. 얼얼한 맛과 특이한 향미가 있기 때문에 육류, 소스, 양고기 요리, 케이크 시럽 등 다양하게 사용한다.

• 아니스(Anise)

원산지가 동양이지만, 멕시코 · 스페인 · 모로코 · 지중해 · 유고 · 튀르키예 등지에 서식해 왔다. 파슬리과의 식물로 45cm까지 자라고, 씨는 단단하고 녹갈색이며, 독특한 향으로 중식요리, 제과, 디저트, 알코올, 음료 등에 사용한다.

• 넛맥(Nutmeg)

육두구(肉豆蔲)로 원산지는 인도네시아의 몰루카섬이고 서인도제도의 Banda섬과 Papua에서 재배된다. 높이 9~12cm인 열대상록수의 복숭아 비슷한 열매의 핵이나 씨를 사용하며, 미트파이, 푸딩, 치킨, 디저트 등 제과에서 많이 사용한다.

• 클로브(Clove)

인도네시아가 원산지인 클로브는 정향나무의 봉오리이다. 정향나무의 잎은 잎은 매우 울창하며 월계수와 유사하게 생겼다. 정향은 잔가지의 끝에서 약 20개씩 군집을 이루어서 성장한다. 봉오리들이 뻗어 나오기 시작할 때는 하얀색이고 수확할 무렵에는 붉은색이며 건조 후에는 흑갈색으로 변한다. 못처럼 생겼으며 향기가 짙다. 정향나무는 열대성 기후의 산악지대에서만 자란다. 자극적인 향이 있으며 빵, 쿠키, 케이크, 수프 등에 사용한다.

• 로즈마리(Rosemary)

지중해 연안이 원산지로 솔잎을 닮았으며 은녹색 잎이 나는 키 큰 잡목으로, 이 잎을 말려서 그대로 또는 가루로 만들어 사용한다. 맛은 향기롭고 달콤하다. 로즈마리는 수세기 동안 연인들에게 정절의 상징으로 사용되었다. 오늘날 많은 유럽 국가에서 로즈마리는 베개를 채우고 비누, 화장수, 화장품의 향료로 사용되고 있다.

12) 식용 꽃(Edible Flower)

고대 인디언들이 꽃을 식용으로 사용하였다는 것이 기록으로 남아 있으며, 일본의 경우에도 오래 전부터 유채꽃이나 국화 등을 식용해 왔다. 그러나 최근에는 관상용으로만 생각했던 꽃들이 식용으로 사용되고 있어서 꽃이 눈으로 감상하거나 향기로만 즐기는 대상이라는 통념이 깨지고 있다. 그렇다고 아무 꽃이나 다 식용이 되는 것은 아니며, 독성이 있는 꽃이나 농약을 뿌려 키운 꽃은 식용으로 부적합하다. 식용으로 이용되는 꽃에는 좋은 향과 함께 영양분이 다양하게 분포하는 특징이 있다. 최근에는 샐러드나 요리, 디저트에 장식용으로 많이 사용하고 있다.

13) 초콜릿 장식물(Chocolate Decoration)

디저트를 빛내 주는 초콜릿 한 조각, 초콜릿 데커레이션은 주로 케이크, 디저트의 데커레이션용으로 사용되는 초콜릿 장식물들로 다크초콜릿, 밀크초콜릿, 화이트초콜릿으로 만들 수 있다. 초콜릿 장식물을 만들기 위해서는 템퍼링(tempering)이라고 하는 온도 조절 작업을 거쳐야 한다. 템퍼링하는 방법은 크게 세 가지로 나뉜다. 내리식법, 수냉법, 전지레인지법이 있으며, 템퍼링 방법을 결정할 때는 작업 환경이나 초콜릿의 양, 작업시간 등을 고려하여 적절한 방법을 선택한다. 처음에는 온도를 올려 완전히 용해시켜 준 다음 서서히 초콜릿에 맞게 온도를 떨어뜨려야 하며, 사용 시에는 마지막 온도로 가온하여 사용한다.

프랑스 디저트 반죽법 용어

1. Biscuit(비스퀴)
비교적 제누아즈와 비슷한 배합으로 만들지만 비스퀴는 달걀흰자와 노른자를 따로 거품을 낸 뒤 밀가루를 섞으므로 제누아즈보다 가볍게 구워진다.

2. Brioche(브리오슈)
버터 함량이 가장 많은 고급스러운 반죽. 반죽을 충분히 치대어 글루텐을 충분히 끌어낸 다음 유지를 섞는 것이 요령

3. Chocolat(쇼콜라 : 초콜릿)
쿠베르튀르라 불리는 초콜릿은 카카오 버터 함유율이 31% 이상이며, 종류를 더욱 세분하면 브랑, 오 레, 누아르의 세 종류가 있다. 카카오 원두의 원산지에 따라 초콜릿의 종류를 나누는 메이커도 있는데 신맛, 쓴맛, 향취 등이 서로 다르다.

4. Créme au beurre(크렘 오 뵈르)
버터를 기초로 해서 만드는 크림. 만드는 방법은 여러 가지인데, 이 책에서는 파타 봄브(달걀노른자와 118℃까지 끓인 시럽을 섞은 것)를 기초로 하여 부드럽게 만든다. 또 알코올이나 에센스를 넣어 다양한 맛을 낼 수도 있다.

5. Créme bavaroise(크렘 바바루아즈)
크렘 앙글레즈에 젤라틴을 넣고 식힌 다음 거품 낸 크림을 넣고 섞어 차게 해서 굳힌 것. 취향에 따라 알코올이나 향료를 넣어 여러 종류의 바바루아를 만들 수 있다.

6. Créme mousseline(크렘 무슬린)
크렘 파티시에르와 크렘 오 뵈르의 중간쯤에 있는 크림. 버터는 넣기 전에 충분히 부드럽게 해 놓고, 혼합한 크림은 기포를 잘 내어 입안에서 매끄럽게 녹는 부드러운 크림으로 만든다.

7. Entremets froid(앙트르메 프루아)
앙트르메란 디저트 과자 전반에 걸쳐 쓰이는 말로 차가운 것과 따뜻한 것으로 분류할 수 있다. 젤리, 무스, 바바루아 등이 대표적인 앙트르메 프루아이다.

8. Génoise(제누아즈)
이탈리아 제노바 지방에서 생겨났다 하여 붙여진 이름. 달걀에 설탕을 넣고 중탕으로 열을 살짝 가한 뒤 거품을 내면 부드러운 맛을 느낄 수 있다.

9. Mousse(무스)
무스는 '거품'이란 뜻으로, 부드럽고 가벼운 과자를 말한다. 기포를 넣어 가볍게 하기 때문에 머랭을 넣거나 거품낸 생크림을 넣는다. 다양한 맛과 향을 첨가하여 맛에 변화를 줄 수 있다.

10. Pâte à choux(파트 아 슈)
반죽이 포함하고 있는 수분이 수증기가 되면서 반죽이 팽창하지만 달걀, 밀가루, 유지 등의 작용으로 다시 수축하지 않고 부푼 상태를 유지한다. 슈는 프랑스어로 양배추라는 뜻. 구워진 모양이 양배추를 닮았다 해서 이런 이름이 붙여졌다.

11. Pâte battue poussée(파트 바튀 푸세)
반죽 속의 기포를 팽창시켜 부풀게 하는 반죽. 베이킹파우더를 넣으면 탄산가스가 발생하여 부풀어 오른다.

12. Pâte brisée(파트 브리제)
설탕의 양이 적어 글루텐이 쉽게 생기는 반죽이므로 너무 치대지 않는 것이 포인트. 반죽에 소금을 넣어 요리용 반죽으로 쓸 수도 있다.

13. Pâte feuilletée(파트 푀이테)
반죽과 유지를 밀대로 밀었다가 다시 접기를 반복해서 여러 겹을 이룬 반죽. 구울 때 유지가 녹아 반죽에 흡수되고, 반죽 속의 수분이 수증기가 되어 층을 밀어 올려 부푼다. 층층이 보기 좋은 결이 나온다.

14. Pâte levée(파트 르베)
이스트로 발효시켜 만드는 반죽의 총칭. 이 반죽은 다른 반죽과 달리 살아 있는 효모로 만든다.

15. Pâte sablée(파트 사블레)
파트 슈크레와 마찬가지로 설탕이 많이 들어간 반죽. 쿠키의 기본 반죽이며, 반죽에 향료나 너트류 등을 넣거나 하여 다양하게 응용할 수 있다. 반죽할 때 베이킹파우더를 넣으면 완성품이 훨씬 부드러워진다.

16. Pâte sucrée(파트 슈크레)
파트 브리제에 비해 설탕의 양이 많은 것이 특징이다. 설탕의 양이 많으면 글루텐의 작용이 약화되어 매우 무르고 다루기 어려운 반죽이 되므로 차게 해서 빨리 작업하는 것이 요령이다.

청평댐 전경

문경 모노레일

사과, 오미자, 문경 공통점은?

오미자 생산량이 많은 곳으로 국내에서 문경이 손꼽힌다. 문경하면 보통 사과와 문경새재가 생각난다. 새도 날아서 넘기 힘든 고개라는 뜻을 가진 문경새재는 과거에 얼마나 다니기 힘든 곳이었는지를 짐작하게 한다. 한양을 향하는 중요한 관문이었던 문경새재를 비롯하여 다양한 문화재를 만나볼 수 있는 문경새재 도립공원에 방문객들이 많이 방문하고 있다. 이 공원의 문화유적으로는 옥소 권섭 영정, 조령원터, 동화원터, 혜국사, 용화사지, 안정암지, 충렬사, 교귀정, 대궐터, 군막터 등이 있다. 또한 하늘재, 이화령, 조령산, 부봉, 여궁폭포, 용추폭포, 기름틀바위, 마당바위, 조령약수, 조곡약수 등의 산과 폭포, 계곡, 약수 등이 곳곳에 있다. 그 밖에 KBS 드라마 촬영장, 민속박물관, 유스호스텔, 사계절 썰매장도 있다.

방문할 관광지를 나열하면 끝이 없겠으나 대표적인 곳 위주로 언급해보자. 먼저 영상/문화 콘텐츠를 결합한 생태/녹색에너지/환경 테마의 휴양문화공간 또는 모든 연령층이 함께 즐길 수 있는 문화 콘텐츠 테마파크로 문경 에코랄라가 있다. 이어서 삼국시대의 성곽인 고모산성이 있는데 470년경에 처음 축조한 것으로 추측하고 있다. 위치상 천연요새이다 보니 조선 후기 이인좌의 난 때는 신필정이 정희량을 막은 장소이고, 을미사변 때에는 이강년이 의병을 일으켜 격전을 치른 곳이기도 하면서 6 · 25전쟁 때에도 중요한 방어 거점이었다고 한다.

문경 단산모노레일은 국내 최장 길이를 자랑하고 거기다가 경사도가 40도 이상이기에 색다른 경험을 선사하며 '스릴 만점'이라는 댓글이 많이 달린다. 올라갈 때보다 내려갈 때 속도가 빠르고 롤러코스터를 타는 느낌이 나서 재미를 더한다.

가평 자라섬

정상에는 패러글라이딩 활공장, 눈썰매장, 캠핑장까지 있다. 다음으로 대야산 자연휴양림이 있다. 이곳 휴양림에는 가족들이 편히 쉬어 갈 수 있는 산림문화휴양관과 가족들이 체험할 수 있는 도자기 체험장, 숲 체험로 등 다양한 시설이 있으며, 도자기 전시관, 생태공원, 클레이 사격장, 레프팅, 드라마 오픈세트장 등 다양한 체험학습과 관광 및 레포츠를 한번에 즐길 수 있다. 그 외 철로를 달리는 진남역 레일바이크 그리고 가을에는 문경 사과 축제에 참여해서 직접 사과 따기 체험도 즐길 수 있다. 역시나 방문해야 할 이유가 많은 문경이다.

문경 석탄박물관

가평에는 잣이

이번에는 잣 특산물로 알려진 가평군으로 이동해보자. 가평은 북으로는 강원도 화천군, 동으로는 강원도 춘천시 · 홍천군, 남으로는 경기도 양평군, 서로는 경기도 남양주시 · 포천시에 접하고 있다. 관광지는 가평 8경을 중심으로 이야기할 수 있다. 1경은 청평호반으로 청평댐이 만들어지면서 생긴 곳으로 물이 많을 때는 최대 580만 평에 달하기도 한다. 주변에 호명산과 어울려서 경치가 훌륭하다 보니 연중 많은 관광객이 찾고 있다. 유튜브에서 많이 보았듯이 수상스키를 즐기는 장소이기도 하고, 치어를 방류한 덕에 낚시터로서도 알려져 있다. 2경은 인공 저수지인 호명호수이다. 심야에 남아도는 전기를 이용해 북한강 하류 물을 산꼭대기까지 끌어올린 다음 전기 수요가 많을 때 물을 떨어뜨려 전기를 얻는 양수발전소가 위치해 있다. 이곳 발전소는 국내 최초로 건설된 양수식 발전소로도 유명하다. 3경은 용추계곡이고 4경은 명지산, 5경은 청정 지역으로 천연기념물인 열목어가 산다는 도마치 계곡, 6경은 운악산, 7경은 잣나무 생산으로 알려진 축령산, 그리고 마지막으로 우명산이 8경이다. 우리가 잘 모르지만 가볼 만한 관광지가 아주 많음을 다시 깨닫게 만든다.

꿈을 키워 나아갈 공간을 소개합니다!

학교 **시설** 안내

COLLEGE FACILITIES

거영학사 (기숙사)

수용인원

총 821명(257호실)

편성

남자 75호실 / 여자 182호실

편의시설

각방 샤워 가능한 화장실,
에어컨, 인터넷(전용선),
휴게실, 세탁실, 무인 택배함

전문실습실

전공분야에 따른 전문 실습실에서
실력과 미래를 키웁니다.

1. 호텔객실 실습실
2. 호텔프론트 실습실
3. 호텔객실예약 실습실
4. KTC 레스토랑
5. 호텔연회 실습실
6. 호텔음료 실습실
7. 호텔이미지메이킹 실습실
8. 여행사 실습실
9. 관광콘텐츠제작 및 크리에이팅 실습실
10. 지휘통제실 레이저스크린사격장
11. 무도 실습실

12

13

14

15

16

전문실습실

전공분야에 따른 전문 실습실에서 실력과 미래를 키웁니다.

- 12 KTC비행 실습실
- 13 항공 캐빈 실습실
- 14 항공 갤리 실습실
- 15 Make-up 실습실
- 16 기내음료준비 실습실
- 17 바리스타 실습실
- 18 비서 실습실
- 19 사무행정 실습실
- 20 항공실무전산 실습실
- 21 어학 실습실
- 22 피트니스 실습실
- 23 컨텐포러리방켓
- 24 가드망제 실습실
- 25 양식조리 실습실
- 26 한식조리 실습실
- 27 일·중식 실습실
- 28 이태리조리 실습실
- 29 컨버젼스 실습실
- 30 스타트업 인큐베이팅 실습실
- 31 조리 개발실
- 32 베이커리 실습실

17

18

19

20

21

22

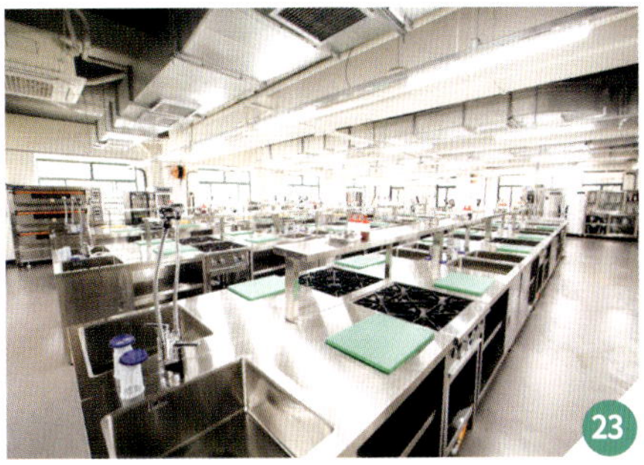
23

24

25

26

27

28

33 베이커리창업 실습실
34 제빵 실습실
35 데코레이션 실습실
36 제과실습실

29

30

31

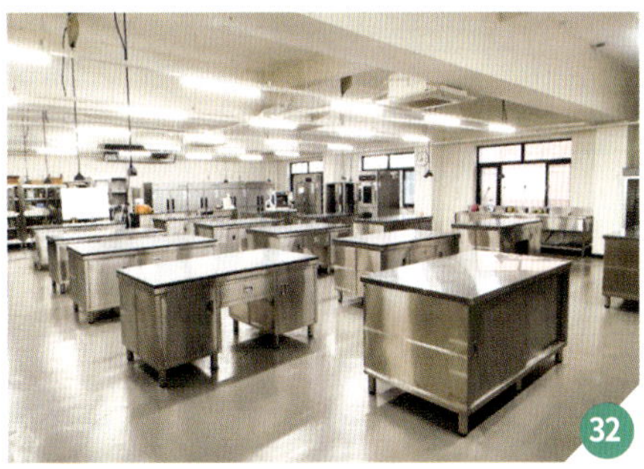
32

33

34

35

36

Chapter 9_한국관광대학교 참여교수

호텔조리과
이순옥 교수 (메인요리, 한식 디저트)

호텔조리과
주향란 교수 (식재료, 영양)

호텔조리과
이은경 교수 (식재료)

외식경영과
김준원 교수 (와인)

관광경영학과
이 황 교수 (관광지)

The story of a

Patissier&Chef

CHAPTER 09

호박죽

인삼너비아니와 주먹밥

매작과

호박죽

Ingredients / 재료

단호박 200g, 우유①(물 3컵, 우유 1컵)
찹쌀가루 1T, 우유②(우유 3/4컵), 소금 1/6t, 꿀 1T

Method / 조리법

1. 단호박은 깨끗이 씻어 2등분하여 속을 긁어낸다.
2. 찜기에 물을 붓고, 센 불에 9분 정도 올려 끓으면 단호박을 넣고, 20분 정도 찐 다음 과육을 긁어 체에 내린다.
3. 믹서에 단호박 과육과 우유①을 넣고 1분 정도 곱게 간다.
4. 찹쌀가루에 우유②를 넣고, 멍울이 생기지 않도록 저어주면서 중불에 5분 정도 끓여 찹쌀죽을 쑨다.
5. 찹쌀죽에 갈아놓은 단호박을 넣고 저어주면서 중불에서 끓인다.
6. 죽이 어우러지면 소금과 꿀로 간을 맞추고, 약불에서 1분 정도 더 끓인 후 그릇에 담아낸다.

단호박

일반적인 늙은 호박에 비해 작고 둥그스름하며 껍질은 매우 단단한 짙은 녹색이며, 당도가 높은 노란색 속살은 수확 후 약 2주간의 후숙기간 동안 당도가 더 올라가는 특징이 있다.
껍질이 단단하여 꼭지를 아래로 향하게 한 후 전자레인지로 살짝 익힌 후 손질하면 비교적 쉽게 칼이 들어간다. 일본에서는 '카보차'라고도 부르며 단맛이 일반 호박에 비해 강해 찌거나 굽는 조리법, 죽, 수프, 떡, 빵 또는 디저트, 아이스크림 등 다양하게 사용되고 있다.
후숙이 잘되어 당도가 높은 것은 꼭지가 잘 말라 있고 표면에 상처가 없으며 부피에 비해 무거운 것이 좋다. 비타민 A가 풍부해 눈 건강에 좋으며, 칼륨이 많이 나트륨의 체외 배출을 도와 붓기 방지와 혈압유지에 좋다고 알려져 있다.

인삼너비아니와 주먹밥

Ingredients / **재료**

소고기 200g, 인삼 2뿌리, 밥 250g, 시금치 100g, 대추 5개, 꿀 1t
소금 1t, 간장 1t, 참기름 2t, 잣가루 1t

고기양념장

간장 1T, 배즙 1T, 설탕 1T, 다진 파 1T, 다진 마늘 1/2T, 깨소금 1/2T
후추 약간 · 참기름 1/2T

Method / **조리법**

1. 소고기는 등심이나 안심의 연한 부위로 골라 0.5cm 정도의 두께로 썬 다음 잔칼집을 넣어 연하게 만든다.
2. 다진 파, 다진 마늘, 배즙 등에 간장, 설탕, 참기름 등을 합하여 고기 양념장을 만든다(배가 없을 때는 육수를 대신 넣어도 된다).
3. 고기를 굽기 30분 전쯤에 양념장으로 고루 주물러 간이 들게 한다.
4. 뜨겁게 달군 석쇠에 얹어서 양면을 고루 익혀 낸다(숯불에 석쇠를 얹어서 직화로 굽는 방법이 팬에 굽는 것보다 훨씬 맛있다).
5. 인삼은 깨끗이 씻어 뿌리를 떼어서 물 1컵, 인삼 뿌리, 대추 3개를 넣어 끓인 후 거른다.
6. ⑤에 꿀, 간장을 넣고 졸여서 소스를 만든다.
7. 시금치는 데쳐서 소금, 참기름으로 무친다.
8. 밥은 주먹밥으로 만든다.
9. 인삼은 길이로 길게 썰어 팬에 참기름과 소금으로 볶는다.
10. 인삼, 시금치, 밥을 담고 소스를 보기 좋게 뿌리고 잣가루를 너비아니 위에 고명으로 얹는다.

소고기(채끝)

채끝살은 소의 등심과 연결되어 있으며, 안심을 둘러싸고 있고, 치마살까지 포함된 부위이다. 쇼트 로인의 일부로 알등심에서 분화되었고 소고기를 그게 분류할 경우 아랫등심 부위에 속한다고 볼 수 있다. 소를 볼 때 사용하는 채찍의 끝부분이 닿는 부위라고 하여 채끝살이라는 이름이 붙었다.

육질이 안심에 비해 묵직하고 담백한 식감으로 소고기 본래의 맛을 느낄 수 있는 최상의 부위로 지방이 적당하고 살코기가 많아 안심 다음으로 연해주로 구이용 스테이크로 조리되고 있으며 국에 넣어 끓여도 맛이 우수하다.

고기를 어떻게 자르느냐에 따라 고기 맛이 좌우된다. 고기를 미리 썰어 놓으면 육즙이 흘러나와 맛이 떨어지고 산패되어 신선도가 떨어지므로 조리하기 직전에 잘라야 한다. 덩어리 고기를 얇게 썰 때는 고깃결과 직각으로 잘라야 질감이 연하다. 반면 채를 치듯 잘게 썰 때는 고깃결과 나란히 썰어야 부서지지 않고 쫄깃한 질감을 살릴 수 있다.

배

배나무의 열매로 누런색의 껍질에 흰색 과육의 과일이다. 과육은 과즙이 풍부해 식감이 아삭하고, 단단한 질감의 단맛과 시원한 맛을 가지고 있으며 우리나라에서 재배되는 둥근형의 남방형 동양 배는 서양배에 비해 단단함은 덜하지만 과즙이 많아 신선하고 시원한 맛이 있어 생기로 먹기에 더 좋으며 저장성이 좋으며 제수용으로도 사용된다.

묵직하고 표면에 상처가 없고 단단한 것이 좋으며 신문지에 싸서 냉장 보관한다. 생과일로 먹기도 하고 주스, 잼, 배숙, 통조림 가공품으로 만들어 먹는다. 고기를 부드럽게 하는 연육 효소가 있어 고기에 사용하며, 숙취해소 및 변비 예방, 감기 치료에도 좋은 과일로 알려져 있다. 조롱박 모양의 서양배는 생식보다는 주로 조리해서 먹는 경우가 많으며 디저트나 다양한 형태의 필링 재료에 주로 이용하며, 타르트와 파이, 그 외에도 콩포트, 잼, 아이스크림, 와인에 조린 배나 소르베 등을 만든다.

시금치

입이 날렵하고 추위에 강하여 가을과 겨울에 재배되는 동양종 겨울 시금치, 잎이 두껍고 둥근 봄과 여름에 재배되는 서양종 여름 시금치로 나눈다. 천천히 자라는 겨울 시금치가 맛이 달고 식감이 좋은 편이다. 서양에서는 샌드위치나 샐러드용으로 생식하기도 하며, 우리나라에서는 길이가 짧고 붉은색의 뿌리 부분까지 있는 것을 나물이나 무침으로 이용하고, 줄기가 길고 연하며 잎이 넓은 것은 국으로 끓여 먹는다.

시금치를 조리할 때 밑동이 그대로 붙어 있어야 조리하기 쉬우므로 뿌리 부분만 손질한다. 뿌리는 붉은색을 띠는 부분이 영양이 풍부하므로 잘라내지 말고 칼로 겉껍질을 살짝 긁어낸 뒤 그대로 사용하는 것이 좋다. 비타민 A가 채소 중에서 가장 많고 비타민 C와 칼슘, 철분이 풍부한 알칼리성 식품으로 생것을 그대로 사용하면 영양 손실을 줄일 수 있지만, 쓴맛이 있다. 끓는 물에 소금을 넣고 뚜껑을 연 채 살짝 데치면 영양 손실을 줄이고 쓴맛을 내는 원인인 수산(옥살산)을 증발시킬 수 있다. 데쳐 낸 시금치는 흐르는 물에 씻어 떫은맛과 거품 찌꺼기를 제거해 사용한다.

마늘

한식 양념의 기본 채소 중의 하나로 우리나라 음식에서 거의 빠지지 않고 들어가는 중요한 식재료로 향신료 역할의 채소로 향신채에 속한다.

날것은 특유의 알싸하고 독한 매운맛과 향이 나므로 생식하기에는 위장에 부담이 있으며, 익혔을 경우 단맛이 올라오며 풍미가 강해지며 맛이 좋아진다. 기름과도 잘 어울리는 맛을 지녀 향미유를 내거나 지방이 많은 육류와도 잘 어울린다.

신체 에너지 대사에 필수인 비타민 B군이 풍부하고 살균작용을 지닌 '알리신'을 포함해 여러 유용한 성분들을 함유하고 있어 항암효과가 있으며 피로 해소, 면역력 강화, 스트레스 해소 등에 도움을 준다. 통마늘은 둥근 외형에 묵직해야 단단하며 쪽수가 적고 알찬 것이 좋고 매운맛과 강한 향이 있어야 좋은 마늘이다. 깐 마늘은 연노란색으로 뿌리 쪽이 뾰족하고 좁은 것이 좋다.

망에 넣어 서늘한 곳에 두면 한 달 정도 보관할 수 있으며 통으로 굽기도 하고, 물에 불려 껍질을 쉽게 벗기기도 한다. 깐 마늘은 깨끗이 씻어 물기를 완전히 제거한 후 밀폐 용기에 담아 보관하고, 다진 마늘을 냉장 보관할 때는 설탕을 섞어 보관하기도 하지만 장기간 보관할 때는 소분하여 냉동 보관하며 사용해야 변질을 방지할 수 있다.

매작과

Ingredients / 재료

밀가루 1컵, 소금 1/2t, 다진 생강 1T, 물 3T

집청시럽

설탕 1컵, 물 1컵, 물엿 1T, 계핏가루 1/4t, 식용유 적당량, 잣가루 1T

Method / 조리법

1. 밀가루에 소금을 넣어 체에 내린다.
2. 생강을 곱게 다져 밀가루에 섞어 반죽한다.
3. 반죽한 밀가루를 얇게 밀어 편다. 5cm 길이, 2cm 폭으로 잘라서 세 군데에 칼집을 넣고 가운데 칼집 사이로 한 번 뒤집는다.
4. 160°C 정도의 튀김기름에 넣어 튀긴 다음 건져 기름을 뺀다.
5. 튀긴 매작과를 준비된 집청시럽에 담갔다가 망에 건져 여분의 시럽을 빼고 잣가루를 뿌린다.

인삼에 관한 효능

우리 몸에 강한 저항력을 길러주는 흰색 재료인 인삼(ginseng)은 많은 요리와 대중요법들이 알려져 왔다. 인삼의 사포닌(saponin)은 에너지를 증가시켜 피로를 덜어주고, 원기를 회복시키는 특별한 약효가 있다. 인삼은 신체 내에서 단백질 합성을 촉진하고, 간 기능 회복 효과, 간의 콜레스테롤 대사 촉진 효과, 숙취 해소 효과 등이 있다. 암 환자가 인삼을 복용하면 항암제의 효과가 증진된다. 그리고 암 환자의 수술 후 조기 회복에도 도움을 주며 항암제의 부작용 방지, 면역기능 회복 및 증진 등의 효과가 있다. 인삼은 혈중 콜레스테롤 수치가 증가하는 것을 억제하고 고지혈증을 개선하며, 동맥경화를 예방하고 당뇨병에도 효과가 있다. 그리고 각종 스트레스에 대해 방어 작용을 하는 것이 규명되었다. 따라서 과도한 업무로 피로에 시달리는 현대인과 수험생에게 좋은 건강 식품이다.

말린 인삼이나 미삼 한 움큼을 면 주머니에 싸서 욕조에 담갔다가 목욕을 하면 인삼의 사포닌 성분이 혈액순환과 신진대사를 촉진, 자율신경 조절, 피부 각질 제거, 피부세포 재생 등의 효과를 볼 수 있고 피로회복과 긴장 완화, 피부미용에도 도움이 된다.

Wine Marriage (와인 마리아주) Tip!

Bogle Old Vine Zinfandel

보글 올드바인, 진판델

www.boglewinery.com

*국가/생산지역 : 미국 〉 캘리포니아 〉 샌 호아퀸 카운티 〉 로디
*품종: 진판델 100%
*알코올: 14.5%

캘리포니아 클락스버그(Clarksburg)에 위치한 보글(Bogle) 빈야드는 19세기 중반부터 농사를 지어오던 워렌 보글(Warren Bogle)과 그의 아들 크리스(Chris)가 1968년에 본격적으로 와인사업을 시작하면서 설립하였다. 현재는 크리스의 두 아들과 딸이 각자의 적성을 살려 와이너리를 운영하고 있으며, 수십 년에 걸친 퀄리티 와인 생산을 위한 노력으로 매해 최고 품질의 와인으로 미국 와인 생산자 Top 10으로 우뚝 자리 잡았다. 작지만 풍부한 맛이 응축된 포도를 생산하고, 특히 60~80년 이상 된 올드바인을 사용하여 와인의 집중감을 높이는 데 초점을 맞추며 아메리칸 오크 배럴에서 12개월 숙성하여 와인을 생산하고 있다.

잘 익은 라즈베리, 말린 자두, 체리, 크랜베리, 주니퍼 베리의 향과 함께 이어지는 후추, 스파이시 오크, 감초, 드라이 허브, 바닐라 향들이 꽤 복합적으로 어우러져 나타나며, 시음 후 입 안에 느껴지는 부드러운 맛과 뒤이은 기분 좋은 산도와 타닌이 균형감 있게 다가와 깊은 여운과 피니시를 보여준다.

Vineyards landscape in California, USA

강화도 갯벌

연천 재인폭포

금산과 풍기하면? 인삼~~ 정답

우리나라에서 6년근 인삼의 주산지로는 강화, 전곡, 포천, 용인, 이천, 안성, 증평, 서산, 강원도 일대와 전남 일대가 있다. 그리고 4년근 주산지는 금산과 풍기가 있다. 우선 금산을 소개하면, 금산은 충남 최남단에 위치하며 평균 해발고도는 약 250m로 다른 충남 지역보다 높다. 어필각, 태고사, 보석사, 향교, 백령성지 등 과거와 현대가 함께하는 많은 문화재 보유하고 있으며, 금산풍물굿, 물페기농요, 농바우끄시기, 송계대방놀이 등의 독특한 향토 문화도 유지하고 있는 고장이다. 더불어 고려인삼이 종주지로서, 전국 인삼의 집산지이기도 하다. 전국 3대 약령시장이 있어서 들깻잎, 약초, 바리실 사과, 복수 한우, 금강 어죽 등 도시에서는 볼 수 없는 다양한 특산물이 가득하다. 추가로 환상적 야경이 자랑인 하늘물빛정원도 있어서 그리티핑맨, 글램핑장, 식물원, 산책로, 족욕카페, 참숯가마찜질방도 이용이 가능하고 힐링도 할 수 있다. 한편 풍기는 경북 양주시 근처로 풍기역 옆으로는 인삼시장이 있어서 인삼이 거래되고 있다. 1908년 개교하여 110년이 넘는 역사를 자랑하는 초등학교라면 상상이 가능한가? 풍기초등학교를 찾아가 보라. 그다음으로 이번에는 풍기읍치 둘레길을 따라 걸어보자. 옥대거리를 시작으로 풍기군 관아에 문루인 제운루를 지나가는 곳마다 그려진 많은 벽화에서 마을과 함께하는 삶의 이야기 속으로 빠져든다. 풍기 대한광복단, 너븐들거리, 관아거리, 비집거리 등에서도 마을의 정취가 한가득하다.

연천군에도 인삼이

사람들이 금산과 풍기만큼 많이 알고 있는 곳은 아니지만, 인삼의 대표 생산지 중 하나로 연천에 전곡이 있다. 전곡은 연천군에서 인구도 많고 가장 번화한 곳으로 대도시에서만 볼 수 있는 프랜차이즈 음식점들이 대부분 들어와 있다. 참고로 BBQ치킨의 1호점이 위치한 곳이다. 많이 알려진 전곡리 선사유적지 일대에서는 거의 매년 고려인삼 축제가 열리고 인삼 캐기 체험이 이벤트로 진행된다.

강화도 갯벌

한국관광대학생들의 안보관광지 강화

강화는 한국에서 5번째로 큰 섬으로, 작은 섬 15개로 이루어져 있다. 강화 관광 프로그램에는 문화해설사가 동행하며 지역 문화자원을 무료로 안내해주는 투어가 있다. 특히 1시간 20분 정도 걸리는 원도심 도보 해설 투어는 용흥궁, 대한성공회 강화성당, 독립만세 기념비, 고려궁지, 노동사목 표지석, 이화견지 담장길, 김상용 순절비를 직접 돌면서 하나하나 설명을 들을 수 있어 숨겨진 역사와 문화를 찾아가며 여행의 가치를 높일 수 있다. 다른 코스로는 전기 자전거와 함께 하는 강화 이야기 투어도 있어서 또 다른 형태의 체험이 가능하다.

이천 도자기

이천보다 더 알려진 한국관광대학교

이천시는 35개의 여행사가 있으며 관광 특성화대학인 한국관광대학교가 있는 관광과 밀접한 도시이다. 매년 전국 각지에서 우수한 고등학생들이 지원하고 있어서 이천지역에 활력을 불어넣고 있다. 이천은 온천으로도 유명한 지역으로서 테르메덴, 마란다 스파플러스, 이천설봉 온천랜드를 쉽게 이용할 수 있다. 미술관도 이천시립월전미술관을 비롯하여 이천 세라피아와 이천 시립박물관이 있어서 아이들과 함께 방문하기에 훌륭한 곳이다. 또한 이천 9경으로는 노성산 말머리 바위, 도드람산 삼봉, 반룡송, 사기막골 도예촌, 산수유 마을, 설봉산 삼형제 바위, 설봉산성, 설봉호, 애련정이 있다. 이천에는 도자기 축제를 비롯하여 산수유 축제, 복숭아 축제, 쌀문화 축제, 설봉 문화제, 서희 문화제, 설봉산 별빛 축제 등 축제가 많아서 관광객들이 부담 없이 자주 찾고 있다. 더불어 한국관광대학교 옆에는 이천도자예술마을로 알려진 예스파크가 있어서 도자 예술인들이 커뮤니티를 형성하고 있고, 수많은 공방을 포함하여 예술작품이 가득한 마을을 형성하고 있어 이국적인 느낌과 걷고 싶은 충동을 만든다. 아시다시피 이천은 고려청자와 분청사기 등의 전통 도자기를 구현한 곳으로 유네스코 창의 도시로도 지정된 곳이다. 더불어 이천은 대한민국 유일의 도자 산업 특구 도시로서, SK 하이닉스, 현대엘리베이터, 하이트 진로, 팔도, 샘표 등의 업체들이 들어서 있다.

5성 호텔 취업, 더 이상 꿈이 아니다!

실무형 호텔리어를 양성하는

호텔경영과

Hotel Management Department

Tel
031) 644-1110

학과소개

호텔관광기업 현장에서 필요로 하는 실무와 전인격적 교육을 통한 호텔관광 서비스 전문인 양성

주요 교과목

호텔경영론, 호텔객실프론트실무, 호텔현관접객실무, 호텔레스토랑서비스실무, 호텔연회실무, 와인소믈리에실무, 호텔영어회화, 호텔회계, 호텔인사관리, 이미지메이킹

취득자격증

호텔관리사, 호텔서비스사, 조주기능사, 소믈리에, 바리스타, ITQ, 서비스경영(SMAT)

졸업 후 진로

- 진로 : 국내 외 호텔 및 리조트 프론트, 벨 & 도어, 식음료, 연회서비스, 항공사, 카지노, 테마파크, 외식업체, 관광 관련 공기업 및 사무직 등
- 주요 취업처 : JW 메리어트 호텔, 그랜드 인터컨티넨탈 서울 파르나스, 더플라자, 롯데호텔, 반얀트리 클럽 앤 스파 서울, 서울 드래곤 시티, 신라호텔, 포시즌스 호텔 등

최고의 관광경영을 위한 남다른 생각!

세계로의 무한 발전

관광경영학과

Tourism Management Department

Tel
031) 644-1120

학과소개

4차 산업혁명 시대의 관광 현장에서 요구하는 관광서비스 및 관광경영실무 능력을 갖춘 융합관광전문인 양성

주요 교과목

관광경영영역

베버리지텍, FRTing(항공예약/발권), 여행사실무, T/C실무, T프로젝트(캡스톤디자인), 복합리조트앤호텔, 감정테라피앤관리, OTA실무와빅데이터

디지털관광경영영역

문화관광콘텐츠, 수처리와데이터분석, 관광유튜버, 관광컨텐츠스토리텔링, 빅데이터분석활용

레저관광경영영역

레저관광비즈니스, 여가프로그램개발, 레포츠프로그램지도, 실버산업과관광, 의료실버관광코디네이터

졸업 후 진로

관광경영영역

- 진로 : 온라인여행사(OTA), 호텔, 리조트, 골프 컨트리클럽, 테마파크, 웹 콘텐츠 회사, 비서 및 사무직, 호텔 피트니스센터 등

디지털관광경영영역

- 진로 : 여행사, 호텔, 리조트, 테마파크, 웹 콘텐츠회사, 디자인 회사, 비서 및 사무직 등

레저관광경영영역

- 진로 : 호텔, 리조트, 골프 컨트리클럽, 테마파크, 호텔 피트니스센터, 유소년스포츠클럽 등

우리는 멀티플레이어 조리제빵 어벤져스!

조리제빵 융합기술의 창업인재

오너쉐프&파티쉐 융합전공

Owner Chef & Patissier Major

Tel
031) 644-1192
031) 644-1139
031) 644-1176

학과소개

조리, 제빵, 조리제빵융합, 식음료 서비스, 창업 역량의 융합직무를 갖춘 오너쉐프&파티쉐 융합전공

주요 교과목

- 조리 : 웨스턴퀴진, 코리안퀴진, 아시안퀴진
- 제빵 : 제빵실습, 제과실습, 데코레이션 실습
- 융합 : 애피타이저&디저트, 브런치카페실습, 오너쉐프인큐베이팅, 프로젝트
- 창업 : 창업기초, 창업경영, 창업테크

취득자격증

- 조리 : 한식, 양식, 일식, 중식기능사
- 제빵 : 제과/제빵기능사, 슈가크래프트, 케이크디자이너, 초콜릿마스터
- 식음료 : 바리스타, 소믈리에, 조주기능사

졸업 후 진로

- 진로 : 특급호텔, 양산베이커리, 외식업체, 레스토랑, 교육기관, 해외유학, 창업 등
- 주요 취업처 : 신라호텔, 서울웨스틴조선호텔, 워커힐 호텔, 삼성 웰스토리, 요리학원 강사 등

맛과 멋이 뛰어난 외식문화를 빛낸다!

조리를 할 줄 아는 외식경영인 양성

외식경영과

Restaurant Management Department

Tel
031) 644-1170

학과소개

현장중심 맞춤형 교육을 통하여 레스토랑을 경영 관리하는 능력과 식음료를 조리하여 제공할 수 있는 외식전문인 양성

주요 교과목

조리(한식, 양식, 궁중, 프랑스), 커피 바리스타, 카페바리스타실무, 카페디저트실습, 식음료서비스경영, 식품위생 및 조리원리, 외식경영관리

취득자격증

조리(한식, 양식)기능사, 제과·제빵기능사, 커피 바리스타, 와인 소믈리에, 외식경영관리사

졸업 후 진로

- 진로 : 특급호텔, 단체급식, 레스토랑, 외식 사업부 및 현장 관리자, 프랜차이즈 경영자 및 창업, 메뉴개발연구소 등
- 주요 취업처 : 그랜드인터컨티넨탈호텔, 하얏트리젠시호텔, 롯데호텔, 조선호텔, 신라호텔, 삼성웰스토리, 현대그린푸드, CJ프레시웨이, 아워홈, 풀무원푸드앤컬처, SPC, CJ푸드빌, 스타벅스, 외식창업 등

열정항공, 하늘을 날자!

내 꿈을 더 높게!

항공서비스과

Airline Services Department

Tel
031) 644-1099
031) 644-1085

학과소개

열정항공, 하늘을 날자! 내 꿈을 더 높게!
"글로벌 스탠다드를 바탕으로 국제적 감각과 서비스마인드를 갖춘 융·복합형 멀티서비스인 양성"

주요 교과목

항공지상서비스실무, 항공이미지메이킹, 항공영어청해, 항공안전업무, 기내음료준비실습, 항공역량캡스톤디자인, One Day : 항공프리패스, 항공지상직면접클리닉, 서비스경영자격(SMAT)실무

취득자격증

- 토익 550점 이상자 : 재학생 80% 이상 취득
- 항공예약발권(CRS), ITQ, SMAT, TOEIC, OPIc, TOEIC Speaking, HSK, JLPT, 비서자격증, 조주기능사, 바리스타, 워드프로세서

졸업 후 진로

- 진로 : 항공사, 비서, 사무직, 호텔, 여행사, 리조트 및 테마파크 등
- 주요 취업처 : 대한항공, 아시아나항공, 제주항공, 에어부산, 진에어, 이스타항공, 티웨이항공, 에티하드항공, 카타르항공, 에미레이츠항공, 싱가폴항공, 동방항공, 스위스포트코리아, 케이에이, 에어코리아, 신라호텔, 시그니엘호텔, 인터컨티넨탈호텔, 메리어트호텔

대학 지원 항공사 체험 및 실습 교육 운영

- 대한항공 [객실승무원 비행실습]
- 아시아나항공 [승무원 체험과정]
- 제주항공 [에듀플라잇 체험교육]
- 티웨이항공 [t'way crew class]

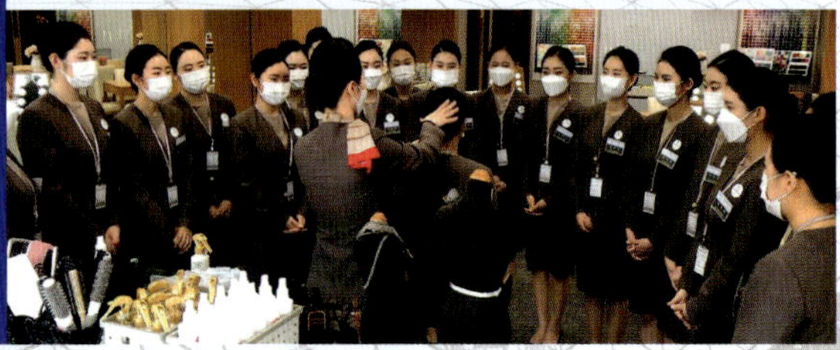

최근 5년 항공사/호텔 취업현황

2018	항공사 객실승무원 7명, 항공사 여객운송직원 10명으로 항공사 총 17명, 특급 호텔 6명 입사
2019	항공사 객실승무원 5명, 항공사 여객운송직원 23명으로 항공사 총 28명, 특급 호텔 13명 입사
2020~2021	항공사 여객운송직원 4명, 특급 호텔 11명 입사 (항공사 객실승무원 공채 미실시)
2022 현재	항공사 객실승무원 3명, 항공사 여객운송직원 9명으로 총 12명 합격, 특급 호텔 17명 입사 (2022년 7월 기준)

※ 2006년 학과 신설 후, 현재까지 항공사 총 197명 합격

5년 평균 취업률 87%!

유능한 비서! 사무전문가 양성!

국제비서과

International Secretarial Studies Department

Tel
031) 644-1179

학과소개

국제비서과는 직업기초능력과 비서 및 사무 직무수행능력을 갖춘 인재 양성

▶ 대학알리미 공시자료(2021년 기준) 81.3% 취업률 ◀

주요 교과목

비즈니스문서, 응대보고, 경영의실제, 수처리와데이터분석, 일정출장관리, 비즈니스이슈연구, 스마트비서워크숍, 프레젠테이션, 커리어개발(캡스톤디자인), 회계관리실무, 회의관리실무

취득자격증

비서, 워드프로세서, 컴퓨터활용능력, MS오피스전문가, ITQ, 전산회계, 서비스경영(SMAT), 바리스타, TOEIC 등

졸업 후 진로

· 진로 : 국내 대기업·강소기업·외국계기업·공공기관 비서직 및 사무직

· 주요 취업처 : SK하이닉스, LG전자, GS건설, 현대자동차, 현대제철, 현대해상, 현대모비스, 현대글로비스, KT, 삼성전자, 삼성엔지니어링, 삼성생명, 신한금융투자, 한화손해보험, 포스코, SBS, JTBC, 제일기획, NH농협, 우리은행, KB국민은행, 미래에셋캐피탈, 신세계인터내셔날 등

글로벌 시대의 요구에 부합하는 실사구시 정신!

공무원(직업군인)의 지름길

군사학과

Military Science Department

Tel
031) 644-1178

학과소개

군 간부로 계속 성장할 수 있는 인성과 자질을 구비한 초급간부 양성

주요 교과목

군대 윤리와 리더십, 한국사, 기초체력단련, 국가 안보학, 의사표현 및 자료해석, 군사지리와 정보, 한국 및 세계 전쟁사, 현대무기체계, 군형법

취득자격증

ITQ, TOEIC, 태권도단증, 한자, 응급처치, 한국사, 생활 및 재난안전 관리사, 한글 실용 글쓰기

졸업 후 진로

· 주요 취업처

- 육군(전투부사관, 군가산복무부사관, 민간부사관),해군·공군·해병대·특전사 등 부사관, 육군3사관학교 편입, 국방군무원 및 방위산업체 근무, 관광관련 업체 등

· 특혜

- 육군 전투부사관(최종합격 시 1,2학년 4개 학기 군가산복무지원금 수혜)
- 육군, 특전사, 해군, 해병대 군 가산복무지원금을 받는 부사관 (최종합격 시 2학년 2개 학기 군가산복무지원금 수혜)

Native Speaker!

세계를 향한 도전! 글로벌 리더

관광영어과

Tourism & English Department

학과소개

호텔, 항공, 여행서비스 분야 및 국내외 글로벌 기업의 융복합 현장형 영어능력 전문 인재 양성

주요 교과목

초급/중급영어회화, 초급/중급토익, 기초영작문, 국제비즈니스영어, 프리토킹영어, 팀프로젝트영어, 오픽영어, 관광가이드영어, 영어발표와토론

취득자격증

TOEIC, OPIc, 해외여행인솔자(TC), 관광통역안내사, 항공예약발권(CRS), 컴퓨터활용능력, MOS

졸업 후 진로

- 진로 : 국내외 호텔, 여행사, 항공사, 국내외 글로벌 기업, 외국계열기업, 외국인통역의전회사, 4년제 대학 편입
- 주요 취업처 : 노보텔 엠베서더, 스텐포드호텔, 소노캄MVL, 하나투어, 제주신화월드, 신라스테이, 라마다플라자, 호텔28명동, 곤지암리조트, 밀라노여행사

Tel
031) 644-1130

전액교비지원, 일본으로 유학가자!

실무 능력을 갖춘 전문가 양성

관광일본어과

Tourism & Japanese Department

학과소개

관광시비스산입에서 요구하는 현장 실무 능력을 갖춘 일본어 전문가 양성

주요 교과목

일본어한자, 일본어문법, JLPT자격증, 일본어번역, 일본 문화, 일본어회화, 관광일본어회화, 호텔일본어회화

취득자격증

JPT, JLPT, EJU, 국내여행안내사, 국외여행인솔자(TC), 관광통역안내사, 통역사, 번역사, ITQ, MOS, 전산회계운용사2급

졸업 후 진로

- 진로 : 일본 호텔, 일본 리조트, 일본 자매대학 편입, 국내 호텔 및 면세점 등
- 주요 취업처 : イシンホテルズグループ(Ishin Hotels Group), TKPガーデンシティ千葉(TKP Garden City Chiba) 등

Tel
031) 644-1130

글로벌 시대의 경쟁력 중국 전문인력 양성!

글로벌 마인드를 갖춘 전문인 양성

관광중국어과

Tourism & Chinese Department

학과소개

관광서비스산업 분야에서 요구되는 실무능력과 글로벌 마인드를 갖춘중국어통역서비스 전문인 양성

주요 교과목

기초중국어, 초급중국어, 중국어회화중급, 관광중국어, 중국어청해, HSK, 중국어문법기초, 판매서비스중국어, 중국문화이해, 뮤직중국어, 웹툰중국어, 취업중국어

취득자격증

HSK, HSKK, 관광통역안내사, 국외여행인솔자(TC), 국내여행안내사, 국제의료관광코디네이터, 병원코디네이터, 한자, CPT, BCT, ITQ, SMAT

졸업 후 진로

- 진로 : 호텔, 카지노, 면세점, 여행사, 항공사, 무역회사, 중국대학 편입 및 국내대학 편입 등
- 주요 취업처 : 신라호텔, 신세계면세점, 하나투어, 썬시티카지노, 휴먼TSS

Tel
031) 644-1130

미래를 선도할 최고의 조리 리더!

글로벌 조리 전문인 양성

호텔조리과

Hotel Cuisine Department

Tel
031) 644-1088
031) 644-1160

학과소개

미래를 선도할 최고의 조리 전문인, 조리분야에 다방면으로 유연하게 대처할 능력을 가진 인재양성을 목표로, 1인 1실습체제의 질 높은 조리교육으로 글로벌화 시대의 조리리더를 양성하는 학과

주요 교과목

프랑스조리, 한국발효음식, 에스코피에퀴진, One-Day세미나, 전통&향토음식, 프로덕션실무조리, 카이세키요리, 와쇼쿠요리, 궁중음식, 이탈리아조리, 가드망제, 중식조리, 호텔실무조리, 크리에이티브메뉴머천다이징, 연회디저트, 식품학, 영양학, 조리원리, 식품위생학

취득자격증

- 기능사 : 한식, 양식, 일식, 중식, 복어, 제과, 제빵, 떡제조, 조주
  조리산업기사 : 한식, 양식, 일식, 중식, 복어
- 식품위생사

졸업 후 진로

· 진로 : 특급호텔, 단체급식업체, 외식업체, 파인다이닝레스토랑, 조리관련 교육기관, 진학 및 해외유학, HMR 개발생산업체
· 주요 취업처 : 포시즌스호텔, 신라호텔, 서울웨스틴조선호텔, 파크 하얏트 호텔, 워커힐 호텔, 삼성웰스토리, (주)현대그린푸드, LG아워홈, 싱가폴 마리나 베이 샌드 호텔, 대사관 관저, 요리학원 등

한국관광대학교

우리는 멀티플레이어 조리제빵 어벤져스!

최상의 미(美)와 미(味)!

호텔제과제빵과

Hotel Baking Science & Technology Department

Tel
031) 644-1080
031) 644-1027
031) 644-1190

학과소개

인성함양과 제과제빵 직무에 열정을 가지고 최선을 다하는 전공역량을 갖춘 인재양성

주요 교과목

제빵 실습, 제과 실습, 데코레이션 실습, 디저트 실습, 특수빵 실습, 베이커리테크닉실무, 제과제빵 품질관리, 캡스톤디자인, 초콜릿 실습, 냉동빵 실습, 바리스타 실습 등

취득자격증

제과기능사, 제빵기능사, 제과제빵산업기사 슈가크래프트, 케이크디자이너, 초콜릿마스터, 베이커리위생관리사

졸업 후 진로

· 진로 : 호텔베이커리, 프랜차이즈, 개인유명제과점, 양산베이커리, 대형 베이커리카페, 재료회사, 교육기관, 기타 외식업체
· 주요 취업처 : 메리어트호텔,(주)SPC, (주)CJ푸드빌, 아띠제브랑제리, 나폴레옹제과점, 리치몬드과자점, 김영모과자점, 마인츠돔 등

학사학위 전공심화과정

학사학위 전공심화과정

호텔경영학과

Hospitality Managment Department

Tel
031) 644-1179

학과소개

호텔의 트렌드를 읽고 변화를 주도할 수 있는 호텔리어, 직무의 확대를 통한 멀티 플레이어로서 활약할 수 있는 준비된 호텔 관리자를 양성

취득자격증

호텔관리사, 호텔서비스사, 조주기능사, 바리스타, 소믈리에, 컴퓨터활용능력, MOS, 컨벤션기획사 자격증 등

졸업 후 진로

대학원 진학, 특급호텔, 리조트 등 관광 숙박업체, 테마파크, 카지노, 여행사, 항공사, 면세점, 회의 이벤트업체, 외식업체 등

학사학위 전공심화과정

호텔조리학과

Culinary Art Department

Tel
031) 644-1160

학과소개

최신 트렌드의 고급조리기술 및 조리기능장 교육, 이론과 현장실무를 겸비한 맞춤형 조리 전문인력 양성

주요 교과목

조리산업기사, 한식조리기능장, 양식조리기능장, 위생사

졸업 후 진로

음식조리 관련업체, 외식창업컨설팅 업체, 창업 및 대학원 진학

한국관광대학교 졸업 ▶▶ 한국관광대학교 전공심화과정 ▶▶ 4년제 학사학위 수여 ▶▶ 대학원 진학

학사학위 전공심화과정

제과제빵학과

Baking Science & Technology Department

Tel
031) 644-1180
031) 644-1027
031) 644-1190

학과소개

제과제빵에 관한 이론 및 실무를 보다 체계적이고 과학적으로 심화 학습하여 중간 관리자로 종사할 수 있는 전문제과제빵직업인 양성

취득자격증

식품산업기사, 식품위생사, 베이커리위생관리사, 초콜릿마스디, 케이크디자이너, 제과기능장

졸업 후 진로

제과제빵 기업체, 특급호텔 제과부, 제과제빵 관련 교육기관 강사, 제과제빵연구소

한국관광대학교 호텔제과제빵과 18학번 이수림

YouTube

「수림 soorim」

- 2020년 졸업, 전공심화 제과제빵학과 재학
- 림온심 쿠키&케이크 대표
- 베이킹스튜디오 "수림" 운영 중
- Youtube「수림 soorim」운영 중

Chapter 10_한국관광대학교 참여교수

호텔조리과
이순옥 교수 (메인요리, 한식 디저트)

호텔조리과
주향란 교수 (식재료, 영양)

호텔조리과
이은경 교수 (식재료)

외식경영과
김준원 교수 (와인)

관광경영학과
이 황 교수 (관광지)

The story of a

Patissier&Chef

CHAPTER 10

탕평채

삼색만둣국

수정과

탕평채

Ingredients / 재료

청포묵 1모, 소고기(우둔살) 50g

고기 양념

간장 1/2T, 설탕 1t, 다진 파 1t, 다진 마늘 1/2t
참기름 1/2t, 깨소금 1/2t, 후춧가루, 미나리 70g
숙주 100g, 달걀 1개, 김 1/2장, 붉은 고추 1/2개

초간장

간장 1T, 식초 2/3T, 물 1T, 설탕 1~2T

Method / 조리법

1. 청포묵을 얇게 떠서 채 썰어 끓는 물에 데친다.
2. 소고기는 살로 가늘게 채 썰어 고기 양념으로 무친 다음, 팬에 식용유를 두르고 볶아서 식힌다.
3. 미나리는 데친 다음 찬물에 헹궈 4cm 길이로 자른다.
4. 숙주는 머리와 꼬리를 다듬어서 끓는 물에 소금을 약간 넣고 데쳐 찬물에 헹군다.
5. 붉은 고추를 반으로 갈라 씨를 빼고 곱게 채 썬다.
6. 달걀은 황백으로 나누어 지단을 부쳐 채 썬다. 김을 구워서 잘게 부순다.
7. 큰 그릇에 지단을 약간만 남기고 묵, 소고기, 미나리, 김, 붉은 고추를 한데 합하여 양념을 넣어 살짝 무친다. 접시에 담고 위에 지단을 얹거나 재료들을 접시에 색스럽게 돌려 담고 초간장을 따로 담아서 상에서 바로 무친다.

숙주

숙주는 녹두의 싹을 틔워 기른 것으로 한국, 중국, 인도 등의 아시아 지역에 주로 길러진다. 우리나라에서는 주로 나물로 많이 이용하는데, 머리나 꼬리를 다듬어서 끓는 물에 데쳐 양념과 같이 무치거나 녹두빈대떡에 넣어 부치기도 한다. 우리나라에서는 숙주보다는 콩나물을 소비가 더 많은 편이나 중국과 일본에서 즐겨 먹으며, 특히 동남아시아 음식에는 빠지지 않고 들어가는 식재료이다. 한국에서는 완전히 익히는 것을 선호하는 반면 다른 국가들은 생으로 먹으면서 특유의 향과 식감을 즐기기도 한다.

숙주는 본체인 녹두에 비해 영양성분이 훨씬 뛰어난데, 녹두가 발아하면서 비타민 A, B, C 함량이 다량으로 증가하기 때문이며, 특히 해독작용과 숙취해소, 혈압강하에 도움을 준다고 알려져 있다.

희고 광택이 좋으며 줄기가 두껍고 뿌리가 투명한 숙주가 좋으며, 물을 갈아주면서 냉장보관하며 사용한다. 나물용으로 조리할 때는 콩나물에 비해 데치는 시간이 매우 짧아야 하고 동남아 음식이나 라면 같은 음식에는 뜨거운 국물에 생숙주를 올려 식감이 아삭한 상태로 먹기도 한다.

홍고추

매운맛을 내는 대표적인 향신 채소로 풋고추가 익어 늦여름에 홍고추가 된다. 요리를 예쁘게 장식하는 데 사용하거나 대개는 말려서 고춧가루로 만들어 김치나 다른 요리에 양념으로 사용하거나 고추장의 주재료로 쓴다.

생식하면 아삭한 식감과 알싸한 매운맛과 달큰한 맛을 낸다. 홍고추에는 사과, 키위의 수십 배에 달하는 비타민 C를 가지고 있고 파괴되기 쉬운 비타민도 더욱이 매운맛의 캡사이신 성분이 비타민의 산화를 막아줘서 뜨겁게 요리해도 비타민 C 파괴가 적다. 비타민 A, 베타카로틴, 라이코펜 등의 항산화 성분이 풍부하고 특유의 매운맛이 기초대사량을 높이는 효과를 낸다.

붉은색의 피가 두껍고 매끈하고 밝은 적색의 착색과 광택이 균일한 것이 좋으며, 크기가 일정하고 씨앗이 적고, 꼭지가 초록색으로 선명하고 촉촉한 것이 좋은 고추이다. 습기를 충분히 머금은 상태에서 냉장 보관한다. 완전히 붉은색으로 착색한 홍고추를 말려야 색이 고운 고춧가루가 만들어진다.

미나리

특유의 향긋함과 부드러운 식감이 특징인 식재료로 약한 매운맛과 단맛이 나며, 식이섬유소와 비타민 A, B1, B2, C 등이 풍부한 알칼리성 식품으로 특히 피를 맑게 하고 해독작용이 뛰어나 체내 중금속이나 각종 독소를 배출하는 데 탁월한 효과가 있다.

잎의 크기가 비슷하고 선명한 초록색을 띠며, 줄기에서 뿌리로 연결되는 부분이 연한 적갈색이 돌고 잔뿌리가 적으며 전체적으로 너무 굵지 않아 연한 것이 좋다. 수분으로 차 있는 줄기는 탄성이 있고 식감은 약간 질긴 감이 있다. 봄철의 연한 것은 생식하기도 하고 데쳐서 나물로 먹거나 전, 숙회, 생선의 비린내를 제거하는 데 많이 사용한다. 습지인 미나리꽝에서 기른 물미나리와 밭에서 길러 질기고 향이 더 진한 돌미나리로 구분한다. 신문지로 싸서 밀봉한 후 냉장고에 세워서 보관한다. 무침이나 즙으로, 혹은 삶아서 나물로 이용된다.

삼색만둣국

Ingredients / 재료

밀가루 1컵, 소금 1/4t, 물 1/4컵, 시금치물 1/4컵, 치자물 1/4컵, 소고기 50g
건표고버섯 2개, 배추김치 100g, 두부 80g, 숙주 80g

고명 : 달걀 1개, 석이버섯 2장, 실고추 1g
육수 : 소고기(사태) 100g, 물 5컵, 마늘 2쪽, 대파 1/2대, 국간장 1t, 소금 1t, 후춧가루 1/16t
소고기 양념 : 간장 1/2t, 다진 파 1/4t, 다진 마늘 1/4t, 참기름 1/4t, 깨소금 1/4t, 후춧가루 1/16t
만두소 양념 : 소금 1/3t, 파 1t, 마늘 1/2t, 깨소금 1t, 참기름 1/2t

Method / 조리법

1. 밀가루는 소금을 넣고 삼색으로 부드럽게 반죽하여 비닐보에 싸둔다.
2. 소고기는 육수를 끓여서 체에 밭쳐 간을 하고 나머지는 곱게 다져 양념한다.
3. 건표고버섯은 불려서 손질하여 채 썰고 배추김치는 물기를 짜서 송송 썬다.
4. 두부는 물기를 짠 뒤 곱게 으깨고, 숙주는 삶은 다음 송송 썰어 물기를 짠다.
5. 달걀은 황백으로 각각 지단을 부처 3×0.1×0.1cm로 채 썬다.
6. 석이버섯은 손질하여 채 썰어 볶아놓고, 실고추는 2cm로 짧게 끊어 놓는다.
7. 다진 고기와 ③, ④의 준비한 재료들을 섞어 양념하고 만두소를 만들어 놓는다.
8. 밀가루 반죽을 지름 7cm로 밀어 만두소를 넣고 반달 모양으로 만두를 빚는다.
9. 끓여놓은 국물에 ⑧의 빚은 만두를 넣어 끓이고 만두가 떠오르면 그릇에 담아 석이버섯채, 날살지단채와 실고추를 얹는다.

표고버섯

맛, 향미가 뛰어나고, 기르기도 쉬워 가장 대중적인 버섯으로 자리를 잡은 표고버섯은 생으로도 먹지만 건조한 버섯을 불려 사용하기도 한다. 말렸다가 물에 다시 불린 표고버섯에는 쫄깃한 식감에 표고의 향과 맛이 배가되어 특유의 감칠맛이 생성되므로 생표고보다 더 선호되기도 한다. 버섯 자체의 조직이 수분이 적어 조직감이 단단하고 육류와 비슷한 식감이 있다. 말려서 채소 육수의 재료로 사용하거나 분말화해서 감칠맛을 배가시키는 천연 조미료로 이용하기도 한다. 갓이 많이 피지 않고 색이 선명하며 수분이 적고 갓이 두꺼운 것이 좋은 것이며, 갓의 표면이 그물 모양으로 갈라진 것을 화고라고 하며 색에 따라 백화고, 흑화고라고 하며 일반 표고버섯인 동고에 비해 비싸게 팔리지만, 영양성분 및 건조 시의 맛 차이는 별로 없는 편이다.
생표고는 젖은 행주로 가볍게 닦고 사용하며, 마른 표고는 물에 잠시 불려 사용하며, 부드러운 갓을 대부분 식용하지만 밑동도 쫄깃한 식감과 감칠맛이 있어 고기 대용으로 사용하기도 한다. 콜레스테롤의 흡수를 낮춰주며, 혈관 개선 기능 및 암 예방 및 면역강화 기능이 있으며 식이섬유소가 풍부해 변비 예방 효과도 있다.

석이버섯

암벽의 바위에 귀처럼 붙어사는 버섯으로 생김새는 나무껍질이나 이끼 같아 보이며 일반적인 버섯으로 보이지 않는다. 재배가 되지 않고 성장이 더디며 채취가 어려워 귀한 버섯으로 취급된다. 회갈색의 표면은 생으로는 부드럽지만 건조 상태에서는 쉽게 부서진다. 맛은 담백하나 씹히는 식감이 독특한 편이다.
데쳐서 양념에 찍어 먹거나 무침, 튀김, 국물요리 또는 샐러드로 활용하기도 하고, 우리나라에서는 음식에 검은색을 입히거나 고명으로 사용한다.
생석이버섯은 습기를 제거해 냉장보관하여 사용하지만 장기 보관을 위해서는 건조하는 것이 좋다. 건조한 석이버섯은 미지근한 물에 불려 표면의 오염물질을 제거하고, 속을 하얗게 벗겨내고 사용한다.
빈혈예방, 혈액순환, 두뇌발달, 항암효과, 시력보호, 기관지 보호에 좋다고 알려져 중국에서는 약재로 활용했다고도 한다.

두부

콩으로 만들어진 가공품 중에서 양질의 식물성 단백질 함량이 높고, 소화흡수율 또한 좋은 식품이다. 끓인 콩물에 간수를 넣어 단백질을 응고시켜 만든 식품으로 자극이 없는 밍밍한 맛과 부드러운 질감이 특징이다. 두부는 가공법과 수분 함량에 순두부, 연두부, 건두부, 찌개용 두부, 부침용 두부, 생식용 두부, 기름에 튀긴 유부, 두부껍질인 유바 등으로 구분하며 생으로 먹거나 찌개, 부침, 전골, 국의 재료로 이용하고 두부의 부산물인 비지로 찌개 등을 만들기도 한다.

고단백 식품인 두부는 신진대사와 성장발육에 꼭 필요한 아미노산과 칼슘, 철분 등의 무기질이 다량 함유되어 있으며, 식물성 불포화 지방산인 리놀렌산이 콜레스테롤을 낮춰 혈행 건강에 도움을 준다.

두부는 통째로 흐르는 물에 씻은 뒤 사용한다. 상하기 쉬운 두부는 물에 담가 냉장보관하며, 담가 두는 물은 자주 바꿔주는 것이 좋다. 때로는 얼려서 보관하기도 하는데, 얼린 두부는 조직에서 수분이 빠져나와 중량 대비 단백질 등 여러 영양소가 응축되어 영양적으로 우수해지며, 스펀지 같은 다공성으로 변하면서 잘 부서지지 않고 양념을 잘 흡수한다.

계피

계피는 후추, 정향과 함께 세계 3대 향신료 중 하나이다. 녹나뭇과의 상록교목인 생달나무의 껍질로 맛은 매우면서도 달아 세계 각지에서 향신료로 쓰인다. 서양에서는 와인에 계피와 과일을 넣고 끓여 뱅쇼(vin chaud)를 만들어 감기약으로 복용하였고 아시아와 동유럽에서는 계피를 고기 요리나 수프에 넣어 그 향미를 더하였다. 이 외에도 계피는 제과제빵의 단골 재료로 사용된다. 우리나라에서는 계피로 수정과를 끓여 차게 마시어 여름철에 무더위를 견뎌냈다. 또한 계피는 소화장애, 설사, 생리불순, 신경통과 관절 질환 등에 효과가 있어 한약의 재료로도 쓰인다.

수정과

Ingredients / 재료

통계피 30g, 생강 50g, 물 6컵, 설탕 1컵, 곶감(방울) 2개, 호두 2개, 잣 10g

Method / 조리법

1. 생강은 깨끗이 씻어서 얇게 저며, 물 3컵을 붓고 향이 우러나도록 은은하게 끓인다.
2. 통계피도 깨끗이 씻어 나머지 물을 넣고 끓여 체에 거른다.
3. ①, ②를 섞어 설탕을 넣고 (설탕이 녹을 정도로) 끓여 식힌다.
4. 곶감은 펼쳐서 씨를 빼고 깐 호두를 넣어 만 다음 1cm 두께로 썰어 준비한다.
5. ③을 차게 식혀 곶감쌈과 실백을 고명으로 하여 그릇에 담아낸다.

Wine Marriage (와인 마리아주) Tip!

Fontanafredda, Barbaresco Coste Rubi

폰타나프레다, 바르바레스코 코스테 루빈

www.fontanafredda.it

*국가/생산지역: 이탈리아 〉 피에몬테 〉 바르바레스코

*품종: 네비올로 100% *알코올: 13.5%

폰타나프레다는 이탈리아 북부 피에몬테의 랑게(Langhe) 지방에 위치한다. 이탈리아 와인의 여왕으로 인정받는 바르바레스코는 바롤로와 같은 네비올로 품종으로 와인을 만들며 오크통 숙성을 4~8년간 한 후에 출시되는 고급 와인이다. 강인하고 조밀한 이 와인은 바롤로보다는 비교적 좀 더 유연하고 포용적이며 관대한 부드러움을 느끼게 해 주는 와인을 만든다.

석류빛이 감도는 루비색을 띠며 자두, 감초, 계피, 담배, 제비꽃 향을 느낄 수 있다. 입맛을 자극하는 타닌의 훌륭한 구조감을 가진 와인이다. 폰타나프레다의 싱글 빈야드 와인으로 와인 본연의 기질과 개성이 오래 지속되도록 직원들이 직접 관리하는 소규모 생산지에서 한정 생산되는 와인이다.

육수의 감칠맛은 와인의 쓴맛을 부각시킬 수 있으므로 타닌이 적은 레드와 매칭하면 좋으나 피노누아는 바디감이 가벼워 육수 풍미에 아로마가 눌릴 수 있어서 올드 빈티지 레드 10년 이상 숙성된 네비올로를 추천한다.

Dessert Wine
(디저트 와인)

Patricius Tokaji, Aszu 6 Puttonyos

패트리셔스 토카이, 아쑤 6 푸토뇨스

https://patricius.hu/en
*국가/생산지역: 헝가리 〉 더 노스이스트 〉 토카이-헤갈라야
*품종: 푸르민트(Furmint) 70%, 하르쉬레벨류(Hárslevelű) 30%
*알코올: 11%

패트리셔스 토카이사(社)는 18세기 이후로 유럽의 각국 황실에 납품되는 토카이를 생산해 왔으며, 1867년에 이미 최고 등급 토카이들을 모은 책인 'The Tokaji Hegyalja Album'에 등재된 최고의 브랜드 중 하나이다. 헝가리를 대표하는 토카이 메이커로서 세계에서 가장 큰 토카이 시장인 영국에서 특히 주목을 받아 Decanter에서 주최하는 대회에서 2000년 이후 거의 매년 디저트 와인 부문 은메달 이상을 수상하였다.
짙은 황금빛의 노란색의 색상을 지니며 보트리스의 깊은 향과 노란 복숭아와 살구의 부드러운 향기가 인상적이다.
최고의 화이트와인 품종인 푸르민트, 하르쉬레벨류 품종을 사용하였고, 36개월간의 오크 숙성을 통해 고급스러운 깊이와 구조를 가지고 있으며 하르쉬레벨류 품종의 비율이 높은 관계로 마지막 여운이 길게 이어지고 우수한 산미와 당도의 조화가 아름다운 와인이다. 2008년 이후 빈티지는 20~30년 이상 장기 숙성이 가능하다.

Traditional wine cellars in Hercegkut near Sarospatak Tokaj region Hungary - Button Hill

Dessert Wine
(디저트 와인)

Graham's 20 Years Tawny Port

그라함 20년 토니 포트

www.grahams-port.com
*국가/생산지역: 포르투갈 〉 도우루
*품종: 투리가 나시오날(Touriga Nacional), 틴타 바로카(Tinta Barroca)
투리가 프란카(Touriga Franca)
*알코올: 20%

세계 3대 주정강화 와인 중 단연 최고로 평가되는 '그라함(Graham's Port)'은 포트와인을 세계 시장에 진출시킨 선구자이며, 현재까지도 그 전통을 이어오는 역사 깊은 가족경영 와이너리로 알려져 있다. 1820년 설립된 이후 빠르게 그 품질을 인정받아 스코틀랜드를 필두로 전 세계 시장으로 알려졌고 세계 최고급 포트와인 생산자에 걸맞게 그 위치와 위상을 자리 잡게 되었다. 또한 영국 엘리자베스 2세 여왕의 즉위 60주년(Diamond Jubilee) 공식 행사에 그라함 빈티지 포트와인이 만찬주로 사용되어 여왕의 찬사와 더불어 많은 사람들의 관심을 받게 되는 더할 나위 없는 계기가 되었다.
코끝에서는 잘 익은 무화과와 건포도 같은 느낌과 풍부한 견과류, 달콤하고 향긋한 감초와 향신료의 복합적인 향기가 느껴지고, 진하고 부드러운 미감과 함께 블랙베리의 깊은 풍미와 달콤함 매력이 발산돼 오히려 술을 못하는 사람들도 고급 디저트 와인으로 즐길 수 있다.
강하면서도 부드러운 타닌감과 함께 어우러진 산도감을 나타내며 진함, 달콤함, 부드러움이 완벽한 균형감을 갖춰 마지막까지 입안에서 아름다움이 길게 이어지는 와인이다.

베트남

수정과의 재료로 계피가 필수 재료인 것은 누구나 알고 있다. 계피는 베트남이 주산지로 알려져 있고 중부의 꽝남성(Quang Nam) 계피를 으뜸으로 알아준다. 베트남 이야기가 나왔으니 일단 떠나 보자. 베트남은 최근 들어 한국인에게 인기가 꽤 있는 지역이다. 남북으로 길다 보니, 북부의 하노이 근처는 아열대 기후로서 겨울도 약간 있고, 고산지대인 경우는 온대 기후에 가깝기도 하다. 호치민이 있는 남부지역은 열대 몬순지역으로 연간 최고 온도 차가 약 7도 이내이다.

Beautiful site of Citadel in Hue, Vietnam. Citadel in Hue is enlisted in UNESCO World Heritage Sites. Travel photography for Southeast Asia.

경제 성장이 빠르게 이루어지고 있는 베트남은 유서 깊은 유적과 현대적인 도시가 어우러지는 지역으로서 해마다 2,000만 명에 가까운 해외관광객이 방문한다. 관광은 베트남 경제의 중요한 축으로 '베트남 관광' 하면 배낭 여행객, 해변, 걷기 및 자전거 또는 오토바이 여행, 카약 여행 등이 떠오른다. 바베국립공원에서 욕돈국립공원까지 31개의 국립공원을 포함하여 8개의 생태관광지와 21개의 국가 관광지가 있다. 이 중 대표적인 곳을 몇 새만 소개하자면 다음과 같다.

후에(Hue)는 유네스코 세계문화유산으로 등록되어 있는 후에성을 포함하여 많은 역사적 기념물과 건축물을 보유하고 있다. 후에 황궁은 황제가 머물던 궁과 묘가 있고 요새이기도 해서 13대에 걸쳐 궁전으로 사용된 곳이다. 가로와 세로 각각 2킬로미터, 높이 5미터의 성벽으로 둘러싸여 있었고 그 성벽은 다시, 해자로 둘러싸여 있었다. 성벽으로 둘러 싸여진 구시가지는 예전 모습 그대로의 전통을 보존하고 있어서 1993년에 유네스코 세계문화유산으로 지정되었다. 후에시에는 어선에서 생활하는 많은 수상생활자를 볼 수 있기도 하다.

호이안(Hoi An)은 세계문화유산으로 지

Unesco World Heritage Site. Most popular place in Vietnam. this landscape you can seen from the island Titop

정된 곳이고 한때 번성하던 무역항이 있어서 동서양의 문화를 접할 수 있다. 근처에 다낭(Da Nang)이 뜨면서 상대적으로 조용한 곳이 되었지만, 건축물들이 전쟁의 영향을 거의 받지 않아 보존 상태가 좋다. 낮은 기와 지붕의 집과 옛 모습 그대로인 도로 등에서 동서양이 복합된 분위기를 주기에 관광객들의 카메라 찍는 모습이 매우 흔하다. 떤키 고택, 중국인들의 회관이었던 광동회관과 복건회관, 역사문화 박물관이 있는 호이안 옛 마을 그리고 수많은 미술품과 공예품 가게들과 맞춤옷 가게로 채워진 낌봉 목공예 마을을 비롯하여 레저를 즐길 수 있는 짬섬, 안방 또는 끄어다이 해변이 있다. 마지막으로 과거의 호이안을 기억하는 뜻에서 등불을 제외한 거의 모든 인공조명을 소등하는 등불 축제에서 추억을 만드는 것도 추천한다.

Hoi An ancient town on the morning

하롱베이(Halong Bay)는 할롱만으로 칭하는 곳으로 석회암 지역이 풍화 작용으로 깎여나가 현재의 신기한 모습의 섬(1,969개의 도서)들이 되었다. 바다에 떠 있는 조각상 같은 섬들이 햇빛의 각도에 따라 색깔이 변하고 안개도 끼면 더욱 멋있는 풍경이 펼쳐진다.

베트남에서 가장 큰 섬으로 푸꾸옥섬(Phu Quoc Island)이 있는데 관광 붐으로 인해 5성급 호텔과 리조트가 건설 중인 곳으로 청정해역을 대표하며 특히 바다거북과 듀공(매너티: 해양 초식성 포유류)을 볼 수 있는 곳으로 유명하다. 특히 후추와 느억 맘(생선 소스)의 생산지로 널리 알려진 곳이다. 한때 프랑스 식민지와 베트남 전쟁이라는 역사로 인해서 정치범 수용소 건물이 남아 있으며, 현재는 전시관으로 운영 중이다.

참고자료

식재료 효능 참고자료

1. 박명윤 외 2인, 파워푸드 슈퍼푸드, 푸른행복, 2010
2. 식품의약품안전처 식품영양성분 데이터베이스
(https://www.foodsafetykorea.go.kr/fcdb)
3. 농촌진흥청 국립농업과학원 농식품 올바로
(http://koreanfood.rda.go.kr/main)
4. 김경미, 먹고 바르는 컬러푸드, 효성출판사, 2005
5. 최혜미 외 11명, 21세기 영양학 원리, 제4판, 교문사, 2021
6. https://healthy-note.com/176
7. https://leehyohwan.tistory.com/398
8. https://jaylee2020.tistory.com/345
9. https://steptohealth.co.kr/10-effectivenesses-of-red-wine
10. https://intea15.tistory.com/190
11. https://yuniku.tistory.com/8
12. https://fastestissue.tistory.com/297
13. https://gradium.co.kr/olive-oil-benefits
14. https://ph.toffees1878.kr/63
15. https://blueseatuna.tistory.com/23
16. https://coffeebear.tistory.com/337
17. https://healthtips.co.kr/
18. https://kfoodtech.com

관광지 참고자료

Chapter_1

https://kr.france.fr/ko/val-de-loire/list/tout-savoir-fromages-chevre-val-de-loire
https://terms.naver.com/entry.naver?docId=1158526&cid=40942&categoryId=32116
https://ko.wikipedia.org/wiki/%ED%8F%AC%EB%A5%B4%ED%88%AC%EA%B0%88
https://terms.naver.com/entry.naver?docId=1113519&cid=40942&categoryId=32116
https://terms.naver.com/entry.naver?docId=6116746&cid=66751&categoryId=66757

Chapter_2

https://www.myswitzerland.com/ko/destinations/attractions/top-attractions
https://www.myswitzerland.com/ko/destinations/zuerich
https://www.myswitzerland.com/ko/destinations/lugano-1
https://www.myswitzerland.com/ko/destinations/st-moritz
https://www.myswitzerland.com/ko/experiences/summer-autumn/hiking
https://www.myswitzerland.com/ko/experiences/summer-autumn/bicycle-mountain-bike
https://www.myswitzerland.com/ko/experiences/summer-autumn/adventure-sports-summer
https://terms.naver.com/entry.naver?docId=731280&cid=48180&categoryId=48254
https://namu.wiki/w/%EB%B0%95%ED%95%98

Chapter_3

https://travel.naver.com/overseas/ITVCE191226/poi/summary
https://travel.naver.com/overseas/ITVCE194251/poi/summary
https://travel.naver.com/overseas/ITVCE194252/poi/summary
https://travel.naver.com/overseas/ITVCE196473/poi/summary
https://travel.naver.com/overseas/ITVCE194332/poi/summary
https://terms.naver.com/entry.naver?docId=601269&cid=48180&categoryId=48248
https://namu.wiki/w/%ED%8A%B8%EB%9F%AC%ED%94%8C
https://terms.naver.com/entry.naver?docId=2477289&cid=51778&categoryId=51778
https://blog.naver.com/kim_hobby/222660667747
https://terms.naver.com/entry.naver?docId=731314&cid=48180&categoryId=48254
https://blog.naver.com/sloth2022/222667418298
https://terms.naver.com/entry.naver?docId=1134447&cid=40942&categoryId=34059
https://terms.naver.com/entry.naver?docId=6538571&cid=40942&categoryId=31919

Chapter_4

https://terms.naver.com/entry.naver?docId=1993528&cid=48180&categoryId=48248
https://terms.naver.com/entry.naver?docId=386658&cid=48182&categoryId=48267
https://terms.naver.com/entry.naver?docId=1127117&cid=40942&categoryId=34082
https://terms.naver.com/entry.naver?docId=1184118&cid=40942&categoryId=33136
https://terms.naver.com/entry.naver?docId=6444501&cid=40942&categoryId=33134
https://travel.naver.com/overseas/GBLON187547/poi/summary
https://terms.naver.com/entry.naver?docId=949044&cid=42867&categoryId=42867

Chapter_5

https://brunch.co.kr/@julieted17/84
https://brunch.co.kr/@jollyscooter/5
https://terms.naver.com/entry.naver?docId=1993539&cid=48180&categoryId=48250
https://leejh0624.tistory.com/256
https://namu.wiki/w/%EB%82%A8%EA%B7%B9
https://namu.wiki/w/%EB%8B%88%EC%8A%A4

Chapter_6

https://ko.wikipedia.org/wiki/%EC%BF%A0%EC%8A%A4%EC%BF%A0%EC%8A%A4
http://realfoods.co.kr/view.php?ud=20180612000855
https://terms.naver.com/entry.naver?docId=1180096&cid=40942&categoryId=31906
https://blog.naver.com/jungi1802/222640481306
https://travel.naver.com/overseas/MA293730/country/guide/article/6509027
https://travel.naver.com/overseas/MACAS293732/city/summary
https://travel.naver.com/overseas/MACAS317997/poi/summary
https://travel.naver.com/overseas/MARAK293734/city/summary
https://m.blog.naver.com/master_of_travel/221084665695
https://ko.wikipedia.org/wiki/%ED%8A%80%EB%8B%88%EC%A7%80

Chapter_7

https://post.naver.com/viewer/postView.nhn?volumeNo=27338826&memberNo=8591454&vType=VERTICAL
https://namu.wiki/w/%EC%9D%B4%ED%83%88%EB%A6%AC%EC%95%84%20%EC%9A%94%EB%A6%AC
https://italy.bluetravel.co.kr/travel/travelView.asp?cate=002001&code=245575

Chapter_8

https://namu.wiki/w/%EC%9E%A3
https://travel.naver.com/domestic/04280/summary
https://m.place.naver.com/place/11783969/home?entry=ple
https://terms.naver.com/entry.naver?docId=1235903&cid=40942&categoryId=31926
https://terms.naver.com/entry.naver?docId=1283873&cid=40942&categoryId=37713
https://blog.naver.com/sunjunghuck/222679241601
https://terms.naver.com/entry.naver?docId=1999029&cid=42856&categoryId=42856
https://www.gptour.go.kr

Chapter_9

https://www.geumsan.go.kr/insam/html/sub06/060402.html
https://www.geumsan.go.kr/kr/html/sub04/04010201.html
https://blog.naver.com/hansign1223/222668850829
https://blog.naver.com/gochanggyu/222183448944
https://blog.naver.com/yeongju_city/222669941564
https://www.ganghwa.go.kr/open_content/tour/trip/historytour.jsp
https://www.mk.co.kr/news/business/view/2018/09/570021
https://namu.wiki/w/%EC%A0%84%EA%B3%A1%EC%9D%8D
https://m.blog.naver.com/PostView.naver?isHttpsRedirect=true&blogId=2000happy_&logNo=221121589755

Chapter_10

https://ko.wikipedia.org/wiki/%EB%B2%A0%ED%8A%B8%EB%82%A8
http://www.viethantimes.com/news/articleView.html?idxno=14341
https://ko.wikipedia.org/wiki/%EB%B2%A0%ED%8A%B8%EB%82%A8%EC%9D%98_%EA%B4%80%EA%B4%91
https://ko.wikipedia.org/wiki/%ED%9B%84%EC%97%90
https://ko.wikipedia.org/wiki/%ED%98%B8%EC%9D%B4%EC%95%88
https://ko.wikipedia.org/wiki/%ED%95%A0%EB%A1%B1%EB%A7%8C
https://ko.wikipedia.org/wiki/%ED%91%B8%EA%BE%B8%EC%98%A5%EC%84%AC

저자소개

이순옥

- 현) 한국관광대학교 호텔조리과 전임교수
- 국가공인 대한민국 조리기능장 여성 1호(1993, 노동부장관)
- 대한민국 조리명장 심사위원(한국산업인력공단)
- (사)한국조리기능장협회 이사장
- 직업능력개발훈련교사 1급 자격증(1997, 노동부장관)
- 국가대표선발 요리평가대회 심사위원장(국제기능올림픽대회한국위원회)
- 2018 평창동계올림픽 식음료전문위원(2018 평창동계올림픽조직위원장)
- P4G정상회의 자문위원(2020, 외교통상부)
- 국빈만찬 자문위원(외교통상부)
- 국가기술세부직무 전문위원(음식조리 · 떡제조분야 고용노동부)
- 한국음식조리법표준화사업 자문위원장(2008, 농림수산식품부 · 문화체육관광부)

주향란

- 현) 한국관광대학교 호텔조리과 전임교수
- 한국과학기술연구원 생명공학연구소 분자세포 생물학연구부 Brain Pool 연구원
- 한국과학기술연구원 생명공학연구소 면역학실 Post-Doc.
- 일본영양 · 식량학회 회원
- 일본농예화학회 회원
- 대한면역학회 회원
- 한국식품영양과학회 회원
- 한국조리학회 회원
- 건강기능식품 산업연구회 총무이사

이은경

- 현) 한국관광대학교 호텔조리과 전임교수
- 한국 식품영양학회
- 식이 중 지방산화 단백질 종류가 흰쥐의 지질대사와 DMBA에 의한 유방종양 발현에 미치는 영향(최종 박사학위 논문)
- Polyunsaturated/saturatedfatty acid rations and antioxidant supplementation under the control of dietary peroxidizabilityindex value: impact on serum lipid profiles in young and adults rats(Nutritional Sciences 8(1): 10–15, 2005)
- 연회조리(한국관광대학)
- 일본어로 배우는 일식조리(백산출판사)
- 일식 · 복어조리기능사도 대비하는 일본요리 입문(효일출판사)
- 세계 식생활문화(수학사)
- 일본요리입문(효일출판사)

이재진

- 현) 한국관광대학교 호텔제과제빵과 · 학사학위 전공심화 학과장
- 경희대학교 호텔관광대학 조리학과 졸업
- 경기대학교 일반대학원 박사(외식조리)
- (주)그랜드 워커힐호텔 제과부 근무
- 제과 · 제빵기능사 및 기능장 실기시험 감독위원
- 2009년 교육부총리 장관상 수상
- 2015년 교육부총리 장관상 수상
- 2020년 해양수산부 장관상 표창

이 황

- 현) 한국관광대학교 관광경영학과 학과장
- 한국관광대학교 교수학습센터장
- 경기대학교 관광경영학과 박사 수료
- Oxford Brookes Univ. 국제호텔경영 석사
- Cornell University Hotel School PDP Course 수료
- 관광통역안내사/호텔관리사 국가자격 시험 출제위원
- 관광통역안내사/국내여행사 자격증 면접위원
- 이천쌀문화축제 평가용역 위원
- 이천시 관광종합개발 계획 수립용역 제안서 심사평가 위원
- 한국관광협회 평생회원

김준원

- 현) 한국관광대학교 외식경영과 학과장
- McKendree College 경영학, 마케팅
- The George Washington University 관광경영학
- 경기대학교 호텔경영학
- 한국관광대학교 전공심화과정 호텔관광경영학과 학과장
- 한국관광대학교 관광경영학과 학과장
- NCS연구센터 센터장
- NCS학습모듈 호텔접객분야 집필진

류정열

- 현) 한국관광대학교 호텔조리과 학과장
- 배재대학교 일반대학원 관광경영학 박사
- 대한민국 조리기능장
- Ramada Plaza Cheong-ju Hotel 조리장
- The Ritz-carlton Seoul Hotel 조리장
- Bayerische Fleischerchule Landshut 수료
- Institut of Paul Bocuse 연수
- WACS International Cooking Championship 금 · 동 수상
- 국제기능올림픽 국가대표 선발위원
- 전국기능경기대회 심사장

김창현

- 현) 한국관광대학교 호텔조리과 전임교수
- 대한민국 조리기능장
- HANWHA HOTEL&RESORT(CO) 조리팀 근무
- 양식/한식조리기능사 감독위원(산업인력관리공단)
- 대한민국 국제요리&제과 경연대회 심사위원
- KOREA 월드푸드 챔피언십 심사위원
- (사)한국조리협회 이사
- (사)한국조리기능장협회 회원
- (사)한국외식경영학회 회원
- SINGAPORE FHA Culinary Chanllenge Silver Award
- 대한민국 국제요리경연대회 대상

오동환

- 현) 한국관광대학교 호텔제과제빵과 전임교수
- 경기대학교 외식조리관리 관광학 석사
- 프랑스 Ecole Lenotre
- SPC Samlip 식품기술연구소 근무
- 신라호텔 베이커리 근무
- 대한민국 제과기능장
- APC(Asia Pastry Cup) 설탕공예 국가대표
- Coup du Monde de la Pâtisserie 설탕공예 국가대표
- 한국산업인력관리공단 제과 · 제빵기능사 감독위원
- 지방기능경기대회 심사장/심사위원

민경천

- 현) 한국관광대학교 호텔조리과 전임교수
- 상명대학교 이학박사 / 국가공인 조리기능장
- Grand Hyatt Hotel Incheon French Cuisine Part Chef
- Grand Walkerhill Transit Hotel 1st Commis
- Genesis Chicken University Lab. Global Business Head Chef
- CJ제일제당 식품연구소 기술고문
- 한국산업인력공단 조리자격 심의 · 검토 · 출제 · 감독 · 모니터링 위원
- 2018 평창동계올림픽 식음팀 입찰 심의위원
- 교육부 교과서(조리 · 식품) 전문위원 / 식약처 식품안전 평가위원
- 한국조리협회 & 학술학회 상임이사 등

저자와의
합의하에
인지첩부
생략

관광과 미식으로 풀어보는

파티셰프 이야기

2022년 8월 5일 초판 1쇄 인쇄
2022년 8월 10일 초판 1쇄 발행

지은이 이순옥 · 이재진 · 주향란 · 이 황 · 이은경
김준원 · 류정열 · 오동환 · 김창현 · 민경천
펴낸이 진욱상
펴낸곳 (주)백산출판사
교 정 박시내
본문디자인 오정은
표지디자인 오정은

등 록 2017년 5월 29일 제406-2017-000058호
주 소 경기도 파주시 회동길 370(백산빌딩 3층)
전 화 02-914-1621(代)
팩 스 031-955-9911
이메일 edit@ibaeksan.kr
홈페이지 www.ibaeksan.kr

ISBN 979-11-6567-545-5 13590
값 12,000원